FACULTÉ DE DROIT DE L'UNIVERSITÉ DE BORDEAUX

COMMISSION DE LA THÈSE

DES

RAPPORTS DE LA SOUVERAINETÉ FÉDÉRALE

ET DES SOUVERAINETÉS LOCALES

AUX ÉTATS-UNIS

INTRODUCTION

Les conflits qui se produisent aux Etats-Unis entre
le gouvernement central et les gouvernements particu-
culiers ont toujours préoccupé vivement ceux qui ont
étudié la grande nation américaine. On s'est demandé
quelle serait l'issue définitive de ces conflits et si le
pouvoir fédéral tendait à s'accroître ou à diminuer. La
question est intéressante parce qu'elle se rattache directement à toute l'histoire des Etats-Unis, et que
l'existence même de l'une des deux souverainetés dépend de la solution qu'elle recevra dans les faits. Les
deux tendances contradictoires sont en perpétuel conflit. Le gouvernement central absorbera-t-il les gouvernements d'Etats, ou les Etats arriveront-ils à la

complète indépendance ? Jusqu'à présent on en est réduit aux conjectures, et nul ne peut dire avec certitude quelle est celle des deux souverainetés qui disparaîtra devant l'autre. Mais, si la solution définitive n'apparaît pas avec une netteté suffisante, il est possible d'étudier, à chaque époque de l'histoire américaine, quelle est celle des deux tendances qui paraît dominer.

C'est le but de nos recherches, et le moment est favorable pour émettre une opinion, car les Etats-Unis semblent entrés depuis une dizaine d'années dans une période assez différente de celles qui ont précédé.

Il en résulte une première constatation que nous devons faire tout d'abord. Les prévisions anciennes sur l'avenir de la confédération américaine sont en partie infirmées et les opinions émises par les meilleurs auteurs sont devenues inconciliables avec les plus récents événements.

Procédant par élimination, nous commencerons par un examen rapide des théories qui ont été soutenues.

L'une, celle de Tocqueville, date d'une cinquantaine d'années ; elle est aujourd'hui complètement abandonnée et n'a plus qu'un intérêt historique. Selon cette théorie, l'Union s'affaiblirait de plus en plus et serait destinée à une dislocation.

L'autre doctrine est celle de la centralisation, d'après laquelle l'Union tendrait à se renforcer au détriment des souverainetés locales. Elle est soutenue par deux sortes d'arguments : en premier lieu par des arguments de fait dont le principal est que la guerre de sécession et les amendements à la Constitution ont renforcé considérablement le pouvoir central, ensuite par des arguments théoriques, en vertu desquels la forme fédérative serait illogique et instable, et qu'une seule forme de gouvernement serait définitive : la forme unitaire.

Nous examinerons d'abord les arguments de fait, réservant pour la fin de cet ouvrage la discussion des théories.

Tocqueville écrivait, avant la guerre de sécession :

« Si la souveraineté de l'Union entrait en lutte avec celle des Etats, on peut aisément prévoir qu'elle succomberait ; je doute même que le combat s'engageât jamais d'une manière sérieuse. Toutes les fois qu'on opposera une résistance opiniâtre au gouvernement fédéral, on le verra céder. L'expérience a prouvé jusqu'à présent que, quand l'Etat voulait obstinément une chose et la demandait résolument, il ne manquait jamais de l'obtenir, et que, quand il refusait nettement d'agir, on le laissait libre de faire... Si l'Union entreprenait de maintenir, par les armes, les confédérés dans le devoir, sa position se trouverait analogue à celle de l'Angleterre lors de la guerre de l'indépendance » (¹).

Ailleurs, il porte le jugement suivant : « L'Union va chaque jour s'affaiblissant de plus en plus ; et, si une portion de l'Union veut se séparer de l'autre, non seulement on ne pourra pas l'empêcher, mais on ne tentera même pas de le faire » (²).

Les événements furent sur le point de donner raison à Tocqueville. Il écrivait à la veille de la guerre de sé-

(¹) *De la Démocratie américaine*, II, p. 351 et 352.
(²) *Démocratie américaine*, III, p. 341.

cession et sous l'influence de l'agitation qui allait la faire naître. Il avait des vues en partie exactes sur les faits qui allaient se produire, puisqu'il ne croyait pas à un morcellement de l'Union, mais à une séparation en deux ou plusieurs confédérations d'Etats. La guerre de sécession fut, en fait, une lutte entre deux confédérations : celle du Nord et celle du Sud. Mais, quant à l'issue de la guerre, le sort des armes et l'énergie de Lincoln donnèrent tort à ses prévisions.

En 1890, une opinion diamétralement opposée à celle de Tocqueville était émise par Carlier dans son ouvrage sur la République américaine. Il soutient la doctrine de la centralisation. Il semble croire que les Etats ne se relèveront pas du coup qui leur a été porté lors de la guerre de sécession, et qu'ils sont destinés à un amoindrissement de plus en plus accentué. Il s'appuie sur les idées soutenues par divers auteurs américains, entre autres par Cooley, dont il cite le passage suivant (¹) : « Le résultat de la guerre de rébellion a été de fortifier et, à certains égards, d'étendre l'autorité nationale. Plusieurs causes y ont contribué. D'abord, des amendements à la Constitution et des actes du congrès ont visé particulièrement ce but. Puis, les fonctions se sont multipliées et, avec elles, le patronage et les dépenses. Enfin, l'esprit public s'est familiarisé avec le déploiement d'effroyables pouvoirs discrétionnaires pendant la durée des hostilités, et avec l'emploi de mesures exceptionnelles, teintées d'arbitraire, desti-

(¹) Cooley, sur Story, § 811.

nées à réprimer après coup quelques graves désordres sur le territoire précédemment insurgé, et à reconstruire l'édifice disloqué des gouvernements d'Etats ».

Un autre écrivain, dont les opinions sur l'Amérique ont le plus grand crédit, M. Bryce, se rapproche beaucoup des doctrines soutenues par Carlier et Cooley. Pour lui aussi, l'autorité fédérale s'est grandement accrue à la suite de la guerre de sécession ; l'Union s'est consolidée et paraît être devenue inébranlable. L'indépendance des Etats est compromise, car ils n'ont plus la force de résister efficacement aux actes arbitraires du gouvernement national : « Rien ne semble moins probable qu'une autre sécession, non seulement parce que les avantages de l'Union perpétuelle apparaissent comme plus évidents qu'auparavant, mais parce que le précédent de la victoire remportée par le Nord découragera toute tentative semblable dans l'avenir. On est tellement de cet avis qu'il n'a même pas été jugé utile d'ajouter à la Constitution un amendement rejetant le droit de faire sécession. La doctrine de l'indestructibilité légale de l'Union est maintenant bien établie. Pour l'établir, cependant, il a fallu des milliers de millions de dollards et un million de vies humaines » (¹).

Bryce nous enseigne donc que le résultat de la guerre de sécession a été d'augmenter la force du gouvernement national et d'écarter à jamais tout danger de séparation. Carlier et Cooley vont plus loin et ils nous font

(¹) Bryce, *The American Commonwealth*, I, p. 456, 457.

présager un accroissement indéfini de la souveraineté fédérale.

Cette opinion est aujourd'hui très répandue. Elle rallie la grande majorité ou, pour mieux dire, la presque unanimité des esprits. Elle est si bien accréditée, que soutenir la doctrine contraire semble presque un paradoxe. Et cependant nous verrons qu'elle est infirmée par les derniers événements.

La théorie qui me paraît être aujourd'hui la meilleure est que les Etats-Unis ont eu tour à tour des tendances contradictoires. On peut distinguer, en quelque sorte, trois périodes dans leur histoire. Dans la première moitié de ce siècle, ils paraissent courir vers une rupture de la Fédération; la guerre de sécession clôture cette première période que nous n'étudierons pas en détail, car elle est trop bien finie pour être intéressante. Depuis la guerre, au contraire, les Etats paraissaient tendre à une centralisation des pouvoirs entre les mains de l'Union victorieuse. Ce fut l'époque des grands amendements. Enfin, la troisième période s'ouvre actuellement et les Etats semblent reconquérir progressivement tout ce que la défaite leur avait fait perdre.

Dans la période des grands amendements et de l'extension du pouvoir fédéral, nous verrons combien les pouvoirs exécutif et législatif sortirent des limites qui leur avaient été assignées par la Constitution. Nous noterons soigneusement la main-mise du gouvernement central non seulement sur les attributions souveraines des Etats révoltés, mais encore sur les attributions des Etats fidèles.

A mon avis, l'accentuation très marquée de l'autorité fédérale pendant les quinze années qui ont suivi la guerre de sécession n'était pas durable : elle provenait d'un état de crise; la crise disparue, la Fédération devait reprendre son équilibre normal.

Peu à peu, le calme se fait dans les esprits et insensiblement on entre dans la troisième période. Il n'est pas possible d'assigner une date fixe à son début. C'est à partir de l'année 1890 que la lente évolution de l'état de trouble à l'accalmie commence à se manifester par des actes extérieurs. Divers faits importants prouvent la tendance actuelle des souverainetés à rentrer dans les limites dont elles étaient sorties : l'abolition des *Supervisors of election,* le 8 février 1894, la nouvelle Constitution de la Caroline du Sud du 4 décembre 1895, l'affaire de la Louisiane, en 1892, etc.

Aussi est-il permis de soutenir qu'à l'heure actuelle, les souverainetés locales aux Etats-Unis sont loin de s'affaiblir. Elles ne tendent ni à absorber l'autorité fédérale ni à s'affranchir entièrement de sa suprématie, mais elles viennent de s'affirmer très nettement. Elles ont été fortement atteintes lors de la guerre de sécession, elles sont aujourd'hui en voie de reconstitution.

Après avoir étudié les conflits, nous verrons, dans le chapitre consacré à l'autorité judiciaire, quels sont les moyens légaux de les apaiser et quel rôle modérateur joue la magistrature fédérale.

Nous verrons aussi quelle est la part d'influence de chacun des organes de la souveraineté fédérale et de la souveraineté locale et nous tâcherons de tirer de nos constatations des conjectures pour l'équilibre des deux tendances contraires et pour l'avenir de l'Union.

Enfin, dans un dernier chapitre consacré à la théorie juridique de la souveraineté dans l'Etat fédéral, nous verrons que la Fédération n'est pas illogique de sa nature, parce que si l'Etat est un et indivisible, l'exercice de la souveraineté peut se diviser et qu'il peut y avoir, dans un même Etat, deux souverains agissant chacun dans la sphère de ses attributions. En vertu de cette doctrine, nous combattrons l'idée que les Fédérations tendent nécessairement vers l'unitarisme. Rien ne nous empêchera alors de conclure à la persistance de l'état de choses actuel aux Etats-Unis et de nous expliquer l'équilibre des deux tendances centralisatrice et décentralisatrice.

CHAPITRE PREMIER

I. Rédaction de la constitution

L'établissement d'une constitution fédérale nécessite
la solution préalable de graves difficultés. Au moment
où des Etats souverains se réunissent en une fédération, et où ils abdiquent une partie de leur puissance,
tous ne sont pas d'accord sur l'étendue qu'il convient
de donner à l'autorité centrale. Les uns ont intérêt à
son accroissement, d'autres à sa diminution. Si l'on
veut faire une œuvre durable, si l'on veut devenir une
nation forte vis-à-vis de l'étranger, il convient de fortifier la puissance fédérale. Mais jusqu'à quel point celle-ci
pourra-t-elle imposer aux Etats ses décisions par la force,
réprimer les émeutes, calmer les partis politiques ?
Quelle sera sa compétence en matière législative et judiciaire, en matière diplomatique ? Deux Etats voisins
pourront-ils régler librement les questions d'intérêt
commun, ou devront-ils toujours s'en remettre à l'arbitrage du gouvernement fédéral ? Toute extension de
ce dernier diminue l'autorité locale, et l'autorité locale

est jalouse de ses prérogatives. Les Etats veulent bien s'unir, mais ils ne veulent pas devenir de simples départements, et si quelques-uns d'entre eux sont partisans de l'extension du pouvoir fédéral, les autres font bien de se méfier, car peut-être veulent-ils profiter de leur forte situation, de leur puissance économique ou du nombre de leurs habitants, pour devenir les maîtres de la fédération.

Tous ces problèmes se sont posés avec une singulière acuité aux constituants de Philadelphie en 1787. Le conflit entre la souveraineté fédérale et les souverainetés locales, qui devait se renouveler si souvent, éclata au sein même de la convention.

Une première constitution avait été rédigée en 1777 par le congrès et ratifiée par les treize Etats. Chaque Etat conservait sa souveraineté et tous les pouvoirs qui n'étaient pas expressément délégués à la confédération ; le gouvernement fédéral était concentré entre les mains d'une chambre unique, sans distinction entre les pouvoirs législatif, exécutif et judiciaire. Les délégués étaient nommés par les Etats suivant un système électoral réglé par la législature de chacun d'eux. Les dépenses fédérales devaient être supportées par les Etats à proportion de leurs terres et bâtiments en exploitation. Le congrès avait la direction des affaires extérieures ; à l'intérieur du pays, il avait le droit de frapper des monnaies et de surveiller celles qui étaient frappées dans les Etats ; il pouvait réglementer le commerce avec les Indiens, diriger le service de la poste, fixer le chiffre des armées de terre et de mer, nommer des officiers, construire des vaisseaux, emprunter sur le crédit des Etats-Unis, juger les différends entre les Etats.

On faisait la distinction suivante entre les pouvoirs du congrès : les uns, considérés comme d'une nature plus grave, étaient exercés à la suite d'une décision prise à la majorité de neuf voix sur treize (les délégués votaient par Etat et non par tête), les autres, moins importantes, nécessitaient seulement une décision prise à la simple majorité.

La constitution de 1777 était vicieuse à plusieurs points de vue.

Elle remettait toutes les fonctions publiques entre les mains d'une seule chambre, sans contre-poids ni contrôle. Chaque Etat, ayant le droit de retirer à tout instant ses délégués, il s'ensuivait que, pour les décisions importantes où la majorité de neuf voix était nécessaire, l'administration des affaires pouvait devenir impossible. De plus, la délibération d'un Etat n'étant valable que si deux au moins de ses représentants y prenaient part, l'action du congrès risquait toujours d'être paralysée. Lors même qu'une décision était prise, il était très difficile de la faire exécuter : d'une part, en effet, essayer de contraindre les Etats par la force, c'était remettre en question l'existence même de la Confédération ; d'autre part, le Congrès n'avait pas de ressources propres, et il n'avait pas le droit de voter des contributions. Les Etats récalcitrants pouvaient refuser ou retarder le paiement de leur quote-part de l'impôt et mettre l'Union dans la nécessité de recourir à l'em-

prunt, opération difficile, car, avec sa situation pré-
caire, elle ne pouvait guère trouver du crédit.

En face de ce pouvoir central si faible, les gouvernements locaux étaient puissamment organisés, pourvus
de tous les organes de la souveraineté. Ils avaient presque entièrement gardé le gouvernement institué autrefois chez eux par l'Angleterre. Ce gouvernement subsiste encore aujourd'hui et les termes mêmes ont été
conservés. C'est ainsi que le chef du pouvoir exécutif
s'appelle toujours le gouverneur, comme au temps de
la domination anglaise. Les Etats avaient leurs chambres de représentants et leurs juridictions.

Jaloux de leurs prérogatives, ils n'avaient abandonné
au gouvernement central qu'une part très restreinte de
leur souveraineté. Ils s'étaient unis pour conquérir leur
indépendance et, cette indépendance une fois con-
quise, ils semblaient vouloir demeurer isolés ([1]). Le
gouvernement qu'ils avaient organisé n'était pas assez
fort pour veiller à leurs intérêts communs. Il y avait
spécialement une lacune très grave dans les attributions du congrès : l'absence de pouvoirs suffisants pour
conclure des traités de commerce. Le commerce était
cependant la question nationale par excellence ; c'était
lui qui rendait l'Union nécessaire. L'isolement, pour
chacun des Etats, n'était-ce pas la ruine économique ?
Les Etats agricoles du Sud pourraient-ils se passer
des Etats commerçants du Nord ? Le morcellement
était impossible ; c'était une illusion qu'il fallait au

([1]) *Federalist, Historical Notice*, p. 78.

plus vite enlever aux Etats. L'esprit d'indépendance,
qui avait fait accomplir de grandes choses aux colonies
révoltées, devenait fatal s'il aboutissait au particula-
risme.

Les affaires commerciales ne tardèrent pas à souffrir
du mauvais état des affaires publiques ; le pays sembla
un moment marcher à sa ruine. Il fallait trouver un
moyen de consolider l'Union ; les hommes dévoués à la
cause de leur pays, Washington et Hamilton à leur
tête, le comprirent et résolurent d'y arriver. Les Etats
avaient des nécessités communes, mais il y avait aussi
entre eux des causes de division. Il fallait accorder toutes leurs prétentions et tous leurs intérêts.

Au danger du morcellement vint s'en ajouter un autre. Des insurrections éclatèrent dans le Massachussetts,
le Rhode-Island, le Connecticut et le New-Hampshire.
Les esprits étaient extrêmement inquiets. S'il était indispensable d'établir un gouvernement fédéral solide, il
était difficile de trouver les bases de l'accord entre les
Etats. A quelle autorité confierait-on le soin de réviser
le pacte d'union primitif ? Serait-ce l'assemblée fédérale
qui recevrait la mission de faire une constitution nouvelle ? Cette assemblée était sans aucun prestige, et il
était certain que le pacte élaboré par elle ne s'impose-
rait pas aux Etats. Il fallait nommer une assemblée
constituante *ad hoc,* mais que serait cette assemblée ?
Son élection ne donnerait-elle pas lieu à des conflits,
sa compétence ne serait-elle pas contestée ?

Il y a un fait d'observation constante aux Etats-Unis :
c'est que les plus graves questions ne sont générale-

ment pas abordées de face, on profite d'une occasion
pour s'en occuper. Une réunion de commissaires spéciaux, assemblés en 1786 à Annapolis (Maryland) et
nommés par cinq Etats pour s'occuper d'une question
douanière, servit de prétexte pour examiner la question d'une révision constitutionnelle. L'Etat de New-
York adhéra à cette idée en février 1787.

Des délégués furent élus. Il se réunirent à Philadelphie en 1787.

Mais, sur ce point encore, on ne put obtenir l'unanimité. Tous les Etats de l'Union ne prirent pas part à
cette élection ; onze d'entre eux seulement sur treize
étaient représentés.

On nomma cette convention spéciale pour plusieurs
raisons. D'abord, on voulait s'assurer le concours des
grands hommes de la déclaration et de la guerre d'indépendance : Washington, Franklin, Morris, Hamilton,
Randolph, etc., qui ne figuraient pas dans le Congrès.
Ensuite on ne voulait pas laisser au Congrès le pouvoir
constituant ; outre que celui-ci était, comme nous
l'avons vu, très dépopularisé, on n'admettait pas le
principe de laisser à la même assemblée le droit de
faire les lois ordinaires et les lois constitutionnelles.

Les délégués à la convention n'avaient aucune confiance dans le succès de leur entreprise (1) : Washington hésita longtemps avant d'accepter le mandat. Ils se
réunirent à Philadelphie et décidèrent de délibérer en
secret, afin de n'être pas gênés par les querelles des

(1) *Federalist, Historical Notice*, p. 79.

partis populaires. Le huis clos assurait la liberté de leurs discussions et aussi le succès de leur entreprise. Les têtes étaient très échauffées et si le peuple avait assisté à ces séances où s'agitaient les plus graves problèmes, il n'aurait pas manqué de faire échouer toutes les combinaisons politiques et toutes les tentatives de conciliation.

Tout d'abord, les délégués se montrèrent très respectueux de la légalité. Ils jugèrent que retrancher le congrès, c'était risquer, en ruinant toute la constitution fédérale déjà existante, de compromettre le succès de leur œuvre. Aussi le laissèrent-ils subsister, et même, lorsque leurs travaux furent achevés, il les soumirent, nous le verrons dans la suite, à son approbation. Ils allèrent pas à pas avec une grande prudence et très peu de confiance dans le succès. Nombre de leurs décisions, parmi les plus importantes, eurent pour base des concessions réciproques ; les députés d'un Etat représentant une tendance cédèrent sur tel point pour obtenir davantage sur un autre. Ils ne cherchèrent pas à construire sur un plan théorique, ils ne se préoccupèrent pas de faire une constitution ayant une belle ordonnance logique ; ils s'appliquèrent surtout à serrer au plus près les exigences de la pratique, quitte à commettre quelques contradictions. Loin de rejeter comme odieuse la constitution d'Angleterre, ils la suivirent souvent ; on peut même dire qu'ils la copièrent dans ses grandes lignes.

Les délégués étaient au nombre d'une cinquantaine. On décida que l'on voterait par Etat, que chaque Etat aurait une seule voix, et que chacun, quelle que fût son importance, aurait une influence égale. Un règlement préliminaire fut adopté :

1° La présence des députés de sept Etats sera nécessaire pour l'adoption d'une mesure ; 2° aucun député ne pourra s'absenter pendant la délibération, sauf permission, pour ne pas interrompre la marche des opérations ; 3° les comités ne siègeront pas pendant les séances ; 4° il suffira de la majorité des Etats pour prendre une détermination ; 5° aucune copie du journal de l'assemblée ne sera prise sans permission, et on ne pourra pas en donner communication à l'extérieur ; 6° les débats ne seront publiés d'aucune manière ; 7° on pourra toujours revenir sur une décision prise.

Ainsi, on redoutait tellement la publicité des débats, que non seulement le peuple ne pouvait assister aux délibérations, mais qu'il ne pouvait, en aucune façon, être instruit de ce qui s'y passait. Par ce moyen, le pays ne fut pas agité, et, lorsque plus tard la Constitution fut soumise à l'approbation des Etats, chacun d'eux put se prononcer pour son approbation ou son rejet en bloc, sans avoir le jugement troublé par le regret de telle ou telle des combinaisons diverses qui avaient été discutées et sur le point d'aboutir dans la Convention.

La première question qu'on aborda fut celle de savoir si la Convention avait le droit de faire table rase de l'ancienne constitution fédérale, ou si elle devait se borner à faire des amendements. On se posa ensuite la grande question qui domine la politique intérieure de l'Union : on se demanda qui des Etats ou de la con-

fédération était supérieur. Ce point préoccupait vivement tous les esprits; il y eut de grands débats, et, au
premier rang des orateurs, brillèrent Patterson, partisan
de l'autonomie des Etats, et Madison, partisan d'un
pouvoir fédéral solide.

L'ancienne constitution laissait une large part à la
puissance des Etats, aussi Patterson s'exprimait en ces
termes : « Nous sommes réunis en exécution d'un acte
du congrès qui ne fait mention que d'amendements à
apporter aux articles de la confédération. Ces articles
forment donc la base indispensable des délibérations
de la Convention. Si nous ne restons pas dans ces
limites, nous commettons un acte d'usurpation envers
nos électeurs. L'idée d'un gouvernement national
opposé à un gouvernement fédéral n'est jamais entrée
dans l'esprit d'aucun d'eux. En supposant que nous
ayons mission de dépasser ces limites, le peuple ne
serait pas mûr pour une autre épreuve; à nous de le
suivre, non de le devancer. »

Patterson déclarait que la confédération n'avait pas
succédé aux rois d'Angleterre; qu'au moment de la
déclaration d'indépendance, les Etats, seuls et individuellement, étaient souverains; que leur union résultait seulement d'un acte de leur libre volonté : « La
confédération n'a été formée, n'a agi, et ne s'est maintenue qu'en vertu de pouvoirs qu'elle tenait tacitement
des colonies avec lesquelles elle était constamment en
rapport; trop heureuse quand elle ne voyait pas ses
réquisitions méconnues! Mais ces pouvoirs n'avaient
aucune base certaine, aucune limite précise, aucune

durée fixe; ils manquaient de sanction, de tout ce qui, en un mot, constitue une autorité souveraine. Les articles de la confédération eurent pour objet de combler ces lacunes. Dans ce pacte, les Etats figurent nommément, en qualité de souverains libres et indépendants, sur un pied d'égalité entre eux, et ils octroient à la confédération, non pas un complément de pouvoirs, mais tous ceux qu'elle aurait à exercer, se réservant pour eux-mêmes toute l'autorité dont ils ne s'étaient point dessaisis. Si la confédération eût été en possession certaine et explicite de ces pouvoirs dès l'origine, qu'était-il nécessaire de les lui confier de nouveau ? C'était donc bien aux Etats qu'appartenait la puissance aliénée, car on ne délègue que ce qu'on possède ; mais alors quel est le souverain, de celui qui reçoit la délégation ou de celui qui l'accorde ? ».

Madison, partisan de l'extension de l'autorité fédérale, répondait :

« Il faudrait bien s'entendre sur la véritable signification des mots « souveraineté nationale ou fédérale », qui se reproduisent souvent dans la discussion et qu'on emploie abusivement. Les colonies, lorsqu'elles eurent secoué le joug de l'Angleterre, ne se déclarèrent indépendantes que collectivement et non individuellement. Aussi, elles se trouvèrent confédérées en même temps qu'indépendantes. Les Etats qui les remplacèrent n'étaient donc pas souverains dans le sens absolu du mot, car ils ne possédaient pas séparément les attributs de la souveraineté. Ainsi ils ne pouvaient déclarer la guerre, faire la paix, contracter des alliances, signer

des traités, etc. Ils n'avaient conservé qu'une autorité
locale renfermée dans leurs limites territoriales. Puis,
si l'union des Etats embrasse l'idée de confédération,
elle implique également celle de consolidation. Une
union des Etats est une union des hommes qui les composent; de là, le caractère national qui s'applique à
tous... Il était douteux que la Convention pût la faire
disparaître, mais rien ne s'opposait à ce qu'une partie
importante de leur autorité leur fût retirée. »

Il semble difficile d'admettre entièrement l'argumen-
tation de Patterson; la Convention de Philadelphie avait
certainement des pouvoirs plus étendus que ceux qu'il
lui reconnaissait. Elle pouvait faire une constitution
nouvelle; elle avait été nommée pour aviser aux
moyens de resserrer l'union, de sauver les colonies du
morcellement qui les menaçait, et ce n'est certainement pas l'autorité du Congrès, complètement dépopularisé, qui aurait pu limiter efficacement ses pouvoirs. La Convention était réunie parce que le Congrès
était impuissant, ce n'est donc pas le Congrès qui fixait
ses attributions. Mais, tout en rejetant l'opinion de Patterson, dont on saisit bien à distance les erreurs, il est
juste de louer le respect de tous les délégués de Philadelphie pour la légalité. C'est grâce à leur déférence
pour le Congrès sans prestige et sans force, qu'ils
parvinrent à sauvegarder le bon ordre pendant toute la
durée de leurs travaux.

L'opinion de Madison est encore plus contestable. Il
est certain qu'après la déclaration d'indépendance, les
Etats qui, au temps de la période coloniale, étaient rat-

tachés chacun individuellement à l'Angleterre, ayant
des institutions propres, se trouvèrent affranchis individuellement. Tous s'associèrent au mouvement, mais si
un seul d'entre eux avait voulu rester inféodé à la mé-
tropole, rien, juridiquement, n'aurait pu l'en empêcher.
Ils s'affranchirent d'un commun accord, mais, après
comme avant, il restèrent sans lien juridique. Seul, leur
intérêt les obligeait à s'unir. Supposons tous les Etats
de l'Europe réunissant leurs forces pour repousser une
invasion quelconque ; le péril passé, la sagesse leur
commanderait de rester alliés pour lutter efficacement
contre un retour offensif ; mais formeraient-ils pour
cela un corps politique, les diverses nationalités dispa-
raîtraient-elles ? Evidemment non. La situation des
Etats-Unis après la guerre d'indépendance, sans être
identique, peut être comparée.

Il se formait ainsi au sein de la Convention deux
grands partis qui subsistent toujours : les fédéralistes
et les antifédéralistes. Ces mots, d'ailleurs, ont été dé-
tournés de leur sens primitif.

A la Convention, on donnait le nom de fédéralistes
à ceux qui voulaient le maintien des articles de la
confédération, sauf une addition de pouvoirs. Les autres s'appelaient : antifédéralistes.

Dans les Conventions locales qui se réunirent dans
chaque Etat, ainsi que nous le verrons dans la suite,
pour délibérer sur l'adoption de la constitution, ceux
qui favorisèrent son admission aux dépens des droits
des Etats furent les fédéralistes ; les opposants, hostiles à la constitution, reçurent le nom d'antifédéralistes.

C'était précisément le contraire du sens que ces mots avaient reçu à Philadelphie.

Plus tard, on qualifia de fédéralistes ceux qui, lors de l'interprétation, du développement, de l'application de la constitution, étaient favorables à l'extension du pouvoir central.

Dans la Convention, Madison défendait de tout son pouvoir l'autorité centrale. Insistant sur les défauts de l'ancienne confédération, il voulait une refonte générale de tout le gouvernement. Beaucoup lui opposaient des arguments de droit. Pour changer les termes de la Convention passée une première fois entre tous les Etats, il fallait, comme pour les contrats entre particuliers, leur consentement unanime. Madison répondait que les prescriptions incontestées du droit privé ne peuvent être transportées en droit public sans modifications profondes ; que les Etats et les particuliers ne peuvent être identifiés, et que d'ailleurs, au-dessus de ces derniers, il y a des tribunaux pour statuer sur leurs différends.

Mais ce qui, bien plus que les arguments de pure doctrine, empêchait les questions en litige de recevoir une prompte solution, c'étaient les prétentions des grands Etats et les protestations des petits.

La Virginie, la Pennsylvanie et le Massachussetts devaient leur puissance à leur étendue territoriale, à leur population ou à la prééminence de leur situation maritime ; ils étaient d'avis d'accorder aux grands Etats une certaine suprématie sur les autres. Quatre autres Etats, qui se sentaient appelés à un grand avenir :

New-York, les deux Caroline et la Géorgie, se joi-
gnaient à eux. Les petits Etats ne voulaient pas admettre cela ; ils proclamaient l'égalité de tous les Etats.
Plusieurs grands esprits se faisaient leurs apôtres con-
vaincus. Luther Martin, du Maryland, disait que la
séparation d'avec la Grande-Bretagne avait placé les
colonies dans l'état de nature, que tous les Etats étaient
égaux entre eux, et que cette égalité ne devait pas être
détruite.

Nous retrouverons plus tard cet antagonisme des
grands Etats, abondamment peuplés, et des Etats moins
puissants, à propos de l'emploi des terres publiques.
Au fond, cet antagonisme n'est qu'une forme du conflit
entre la souveraineté fédérale et la souveraineté locale ;
les grands Etats sont, en général, partisans d'une
union plus étroite, parce qu'ils espèrent en tirer profit
à cause de leur représentation supérieure au congrès,
les Etats moins puissants sont soucieux de défendre
leurs prérogatives à la fois contre l'union et contre les
grands Etats.

Patterson argumentait ainsi : « Une confédération
préjuge un droit de souveraineté chez les membres qui
la composent, et la souveraineté suppose l'égalité chez
ceux qui l'exercent. Si l'on nous considère comme une
seule nation, il faut abolir toutes les distinctions d'Etats,
procéder à une nouvelle distribution du territoire par
portions égales, autant que possible, et accorder à chaque fraction une égale représentation dans le gouvernement commun. Que si, au contraire, on attribue aux
grands Etats une représentation proportionnelle en

conservant l'égalité du territoire, leur ambition grandira et les petits Etats auront tout à redouter. On objecte que si le gouvernement national doit avoir action sur le peuple et non sur les Etats, au peuple seul revient l'élection de ses membres. Pourquoi cela ? Est-ce qu'une élection à deux degrés ne remplit pas le même but ? Est-il donc si difficile de trouver des moyens de coërcition contre les Etats ? Les grands Etats peuvent se coaliser sans nul doute, mais ils n'auront aucun moyen d'obliger les autres à s'associer avec eux ».

Sans même reconnaître explicitement une suprématie quelconque aux grands Etats, la proportionnalité des suffrages suffisait, à elle seule, pour compromettre la sécurité des petits. Il fallait trouver un terrain de conciliation. Les partisans de la représentation proportionnelle disaient que les grands Etats étaient assez éloignés les uns des autres et que leurs intérêts différaient assez au point de vue agricole et commercial, pour que ce principe ne présentât pas de graves inconvénients.

A la question de proportionnalité des suffrages ou d'égalité entre les Etats, était jointe la question de l'esclavage, qui préoccupait déjà tous les délégués à la Convention.

La population des Etats du Nord était presque toute entière libre; la population du Sud était, au contraire, composée en grande partie d'esclaves. Fallait-il compter ceux-ci dans la population pour la répartition des sièges au Congrès. Le Sud réclamait qu'on tînt compte, dans une certaine mesure, de sa population noire.

Une autre cause de conflit venait de ce que certains Etats de l'Ouest, pressentant leur puissance future dans la vallée du Mississipi, et les grands Etats maritimes et commerciaux des bords de l'Océan ne tenaient nullement à voir leur trafic gêné par des droits établis par une autorité centrale, tandis que les Etats agricoles avaient besoin de tarifs pour les protéger contre l'étranger.

Ainsi se multipliaient les difficultés. C'est seulement à force de sang-froid, d'habileté et de concessions réciproques qu'on parvint à établir une constitution. Quand une question d'apparence insoluble venait à s'élever, on nommait un comité. Celui-ci, délibérant entre un petit nombre de membres, parvenait, après bien des fluctuations, à trouver une solution.

Plusieurs projets de constitutions furent élaborés, avant d'arriver à la rédaction définitive.

Randolph, de la Virginie, présenta le projet suivant :

Il devait y avoir trois pouvoirs : législatif, exécutif et judiciaire. Le pouvoir législatif était confié à deux législatures. La première était nommée proportionnellement au nombre des habitants et par eux-mêmes, la seconde était nommée par la première sur une liste présentée par les législatures locales, ainsi que le pouvoir judiciaire. Les deux premiers pouvoirs, législatif et exécutif, étaient nommés à temps, le dernier à vie. La législature nationale aurait eu la faculté d'annuler les lois votées par les législatures des Etats lorsqu'elles auraient été contraires à la constitution ou aux traités. Des règles étaient adoptées pour l'admission de nouveaux Etats dans l'Union. Le grand vice de cette constitution était qu'on n'y trouvait rien de précis concernant la séparation des pouvoirs et les limites de leur autorité.

Pour la rédaction de la constitution définitive, on trouva un guide dans les lois et les coutumes constitutionnelles de la Grande-Bretagne. L'œuvre de la convention de Philadelphie fut, selon l'expression de Summer Maine, une version de la constitution britannique telle qu'elle devait apparaître aux yeux d'un observateur intelligent à la fin du xviiie siècle. Ils prirent le roi d'Angleterre tel qu'il existait alors, passèrent en revue ses pouvoirs, les adoptèrent ou les modifièrent ingénieusement selon leurs propres besoins. Leur type fut le monarque qu'ils avaient sous les yeux. Cinquante ans plus tôt ou cent ans plus tard, le roi d'Angleterre leur serait apparu sous un jour différent et leur aurait laissé une impression tout autre ([1]).

Comme en Angleterre, ils eurent deux chambres, mais, par une adaptation intelligente des institutions étrangères à leurs nécessités, ils trouvèrent le moyen, par la dualité de leur législature, de concilier les tendances opposées. La Chambre des Représentants fut nommée par les citoyens de chaque Etat proportionnellement à leur population, les esclaves comptant dans la proportion de trois cinquièmes. Le Sénat représenta les Etats dans leur égalité; chacun, quelle que fût son étendue, ne put nommer que deux sénateurs.

La constitution ([2]) dit que, pour être élu représen-

([1]) Summer Maine, *Constitution fédérale des Etats-Unis, dans le Gouvernement populaire, passim.*

([2]) Art. 1, sect. 2, § 2.

tant, il faut être âgé de 25 ans, avoir été pendant sept ans citoyen des Etats-Unis, et être, au moment de l'élection, habitant de l'Etat électeur. La durée du mandat est de deux années.

Les délégués partisans d'un gouvernement central aussi fort que possible, voulaient que le sénat fût nommé par les mêmes voies que la chambre des Représentants, excluant ainsi les législatures dont ils redoutaient les préjugés locaux. Mais la plupart voulaient que le sénat représentât l'esprit local vis-à-vis de l'esprit fédéral ; ils étaient partisans de sa nomination par les législatures. La proposition en ce sens passa à une grande majorité. Seuls, deux Etats, des plus grands, la Virginie et la Pennsylvanie, s'y opposèrent, montrant ainsi leur égoïsme, espérant jusqu'au bout tirer parti de leur forte population.

Combien fallait-il nommer de sénateurs ? Les uns étaient partisans de l'extension de leur nombre pour qu'ils pussent plus efficacement tenir tête au congrès ; les autres redoutaient que leur nombre trop étendu fût une cause de troubles et de passions dans une assemblée qui devait, avant tout, être calme et modérée. Madison s'exprima ainsi : « La fonction du sénat consiste à procéder... avec plus de sagesse que la branche populaire de la législature. Augmentez le nombre de ses membres, vous lui communiquerez tous les vices qu'il est chargé de corriger ; bien loin de lui donner plus de consistance, son autorité sera en raison inverse du nombre de ses membres. Quand le poids d'un groupe d'hommes dépend seulement du caractère personnel de chacun d'eux, plus grand est le nombre, plus grande est son autorité morale. Lors, au contraire, que cette force dépend du degré de pouvoir politique octroyé à ce groupe, moins nombreux il est, plus son influence est considérable » (¹).

Le sénat fut définitivement organisé par l'article I⁰ʳ de la constitution. Deux sénateurs par Etat, élus pour six ans par la législature de chaque Etat. Le sénat est renouvelable par tiers tous les deux ans, mais l'échéance des pouvoirs n'a jamais lieu pour les deux sénateurs d'un même Etat à la fois. Il faut avoir trente ans d'âge, être depuis neuf ans citoyen des Etats-Unis et habiter l'Etat électeur au moment de l'élection. Le vice-président des Etats-Unis est président du sénat.

Le pouvoir exécutif fut organisé comme le pouvoir législatif, de façon à ménager à la fois le principe fédéral et le principe local. Le président est nommé par le suffrage à deux degrés ; il est l'élu du peuple en tant que peuple de l'Union. Il n'est pas nommé par les Etats considérés comme collectivités indépendantes ; il représente le principe fédéral. Seulement — et c'est ici que nous pouvons bien saisir toute la sagacité des constituants de Philadelphie — à côté du président, nous trouvons une sorte de conseil exécutif qui partage avec lui la nomination des fonctionnaires, la conclusion des traités. Or, ce conseil exécutif n'est autre que le sénat. De cette manière le sénat, représentant

---

(¹) Hamilton était hostile lui aussi à l'admission d'un trop grand nombre de membres dans les assemblées législatives, *Fédéralist*, p. 445 et 446.

des Etats, joue, suivant les cas, le rôle d'une chambre législative et celui d'un conseil exécutif.

La constitution équilibrait donc les deux tendances de la politique intérieure américaine; elle assurait au principe fédéral et au principe local une part égale dans le gouvernement; toutes les décisions importantes étaient prises au nom du peuple des Etats-Unis et au nom des Etats. Lorsque la constitution fut votée, les deux tendances étaient également respectées; leurs conflits semblaient devoir se résoudre pacifiquement par l'influence réciproque des grands corps de l'Etat.

L'œuvre des constituants de Philadelphie fut d'ailleurs une œuvre pratique. Ils se préoccupaient avant tout de concilier les opinions contraires, d'apaiser les esprits, de résoudre les difficultés. Au moment de l'ouverture du congrès, ils se trouvaient en présence d'Etats jaloux de leurs prérogatives et de leur indépendance, se méfiant les uns des autres, soucieux de défendre leur prospérité économique contre la concurrence du voisin, et qui, cependant, avaient besoin de s'unir. La combinaison qu'ils ont trouvée dure encore malgré les assauts réitérés qu'elle a subis. On a relevé dans leur œuvre quelques contradictions; on les leur a reprochées.

C'est ainsi que l'*habeas corpus*, proclamé comme un droit primordial des citoyens américains, peut être supprimé en temps de guerre ou de sédition. C'est ainsi encore que le président a le droit de faire la guerre et le Congrès de la déclarer. Il est certain qu'un président n'aura pas de peine à prouver qu'il est urgent de faire la guerre immédiatement, pour repousser une inva-

sion, par exemple, sans attendre le vote du Congrès, et
que le Congrès, avec son droit de déclarer la guerre,
n'aura plus que le droit de constater les faits accomplis.

Mais les constituants de Philadelphie se préoccupaient surtout de l'application de leur œuvre. Moins
désireux de faire une constitution inattaquable au point
de vue philosophique que de trouver la solution des
conflits entre les Etats qui avaient un besoin urgent de
s'unir et qui redoutaient l'Union, ils cherchèrent le
moyen d'accorder tous les intérêts. C'est ainsi, par
exemple, qu'en donnant au gouvernement fédéral le
droit de régler le commerce entre les Etats et avec les
nations étrangères, non seulement ils renforçaient l'autorité centrale en mettant au nombre de ses attributions la réglementation d'une des questions les plus
importantes, mais encore ils assuraient l'équilibre économique entre toutes les parties de l'Union, en empêchant la concurrence trop active que les Etats, livrés à
eux-mêmes, auraient pu se faire au détriment du bien
général. Leur décision sur ce point était donc double-
ment utile, en renforçant le pouvoir national et en dé-
fendant les Etats les uns contre les autres. De même,
en donnant au Congrès le droit exclusif d'imposer des
taxes à l'importation et à l'exportation des marchandi-
dises, ils créaient des ressources considérables pour le
budget fédéral, et ils permettaient à la législature nationale de concilier dans la suite et à tout instant, dans
la mesure du possible, les intérêts de l'agriculture dans
le Sud, et les intérêts du commerce dans l'Est.

On vit, plus tard, jusqu'à quel point étaient opportunes ces règles constitutionnelles. Après la création des chemins de fer locaux, on s'aperçut que les Etats luttaient entre eux par l'abaissement des tarifs, et que leurs rivalités nuisaient à l'ensemble du pays. C'est alors qu'en 1887, le Congrès, faisant usage de ses prérogatives, put voter « l'interstate commerce act » sur lequel nous reviendrons au chapitre suivant. C'est également en puisant dans ses attributions constitutionnelles que le congrès put concourir à l'établissement de grandes voies ferrées que les Etats ne pouvaient entreprendre par leurs propres forces.

Prévoyant, malgré la distinction faite entre les attributions de la législature fédérale et des législatures locales, que des conflits éclateraient entre les souverainetés rivales, les constituants donnèrent au pouvoir judiciaire (1) la connaissance de toutes les affaires où les Etats-Unis seraient partie ou dans lesquelles seraient intéressés deux ou plusieurs Etats, compétence extrêmement étendue et qui devait encore se développer dans la suite.

Ce sont les points qu'il convient de louer dans l'œuvre de Philadelphie. C'est par là qu'elle s'est imposée au milieu des difficultés sans nombre qui paraissaient devoir l'arrêter ; c'est par là qu'elle a concilié les tendances contraires qu'elle avait mission d'accorder : conflits entre la souveraineté fédérale qui avait besoin de s'étendre et la souveraineté locale qui voulait demeurer intacte, conflits entre les Etats jaloux les uns des autres.

(1) *Federalist*, p. 579.

Si maintenant nous sommes forcés de constater les contradictions relevées dans certains textes de la constitution, nous comprendrons pourquoi ces imperfections n'ont pas empêché le pacte de 1787 de s'imposer et de durer. Il répondait aux nécessités de la nation américaine, il résolvait les grandes questions, et, pour les difficultés de l'application, on comptait sur la bonne volonté des gouvernants.

Les délégués ne s'illusionnaient pas sur l'excellence de leur œuvre ([1]). Ce n'est qu'après bien des hésitations qu'ils se décidèrent à la soumettre à la sanction populaire. Ces scrupules montrent jusqu'à quel point ils avaient conscience des difficultés de leur tâche, jusqu'à quel point les conflits qu'ils devaient résoudre leur paraissaient dangereux. Ils n'avaient pas foi dans le succès, même après de longs et consciencieux efforts, mais ils désespéraient de trouver mieux pour le moment.

Washington dit, au moment de signer : « Si les Etats rejetaient la présente constitution, toutes les probabilités sont que l'occasion ne se rencontrerait plus d'en rédiger une autre au sein de la paix ; la prochaine serait écrite avec du sang ».

Franklin dit, après avoir combattu pied à pied plusieurs articles :

« J'adhère à cette constitution par la raison que je n'en espère pas de meilleure, et que je ne suis nullement assuré qu'elle ne soit pas, en effet, la meilleure

([1]) *Federalist*, p. 642 et 643.

possible. Je sacrifie au bien public les opinions que j'ai manifestées sur ses défauts. Je n'ai fait part de mes critiques à qui que ce soit en dehors de cette enceinte où elles sont nées et où elles mourront ».

Randolph et Mason, tous deux de la Virginie, refusèrent de signer ; de même Gerry de Massachussetts. Hamilton n'avait pas foi dans le succès, mais il voulait qu'on en fît l'essai, disant qu'il n'y avait pas à choisir entre l'anarchie d'un côté et une chance de réussite de l'autre.

La constitution fut signée le 17 septembre 1787.

II. Adoption de la constitution par les états

Toujours soucieux de conserver les formes légales, les délégués ne voulurent pas soumettre leur œuvre à l'approbation des Etats avant d'avoir eu celle du Congrès. Dans leur adresse au Congrès, ils eurent un langage des plus modestes ; ils représentaient leur constitution comme un ensemble de concessions réciproques, non comme l'idéal de l'art politique. L'assemblée ayant donné son approbation, il fallut que la nouvelle constitution fût acceptée par chacun des Etats de l'Union.

Cette acceptation fut difficile à obtenir. Washington, Hamilton, Madison et John Jay, désireux d'arriver au bien public sans arrière-pensée d'intérêt personnel, publièrent le « Federalist », par numéros détachés, pour défendre la constitution et prévenir des calamités imminentes.

On ne fit pas appel au plébiscite. Dans chaque Etat,

on nomma une Convention locale, au suffrage des
citoyens. Les électeurs formaient dans le Massachussetts, le New-York et la Virginie, la majorité contre la
constitution. La Convention l'adopta à l'unanimité dans
trois Etats : Géorgie, New-Jersey, Delaware ; dans
quatre autres, il y eut une forte majorité : Pennsylvanie,
Connecticut, Maryland et Caroline du Sud. Dans les six
derniers, on eut de grandes peines à obtenir le nombre
de voix strictement nécessaires.

Une année presque entière se passa dans l'incerti-
tude ; les adhésions des divers Etats s'échelonnèrent.
Enfin, le 26 juillet 1788, onze Etats sur treize avaient
donné leur approbation. Dès lors, la constitution s'im-
posait aux deux autres Etats dont on pouvait attendre
patiemment la décision. C'étaient la Caroline du Nord
et le Rhode-Island. Il est certain qu'ils ne pouvaient
pas demeurer isolés. Le Rhode-Island surtout hésitait
à entrer dans la fédération ; il était très attaché à ses
anciennes traditions, puisqu'il conserva jusqu'en 1842
son gouvernement primitif. Il fut le dernier à signer le
pacte fédéral : 29 mai 1790.

Cette nécessité où l'on se trouva de faire ratifier la
constitution par les treize Etats de l'Union, donnant
individuellement leur adhésion, maîtres jusqu'au dernier moment de refuser leur consentement, lui donna
le caractère d'un pacte entre Etats souverains aliénant
librement une part de leur indépendance. La constitution ne s'est pas imposée aux Etats en vertu de l'ordre
d'une autorité supérieure à la leur, elle n'est même pas
un contrat entre l'autorité fédérale et l'autorité locale

aliénant chacune une partie de leur souveraineté, elle est le résultat d'un accord entre les Etats : c'est un véritable contrat ; de ce contrat est née la souveraineté fédérale, dont les attributions sont limitées par le texte constitutionnel (¹). La constitution ne résulte pas d'une décision prise à la majorité des Etats et s'imposant aux récalcitrants par la force du nombre, elle est issue de l'accord unanime. Le Rhode-Island, juridiquement, était libre de refuser son consentement et de rester isolé, alors même qu'il demeurait seul en face des douze autres Etats. Mais c'est un contrat d'une nature spéciale et dont il importe de déterminer les caractères.

La part de souveraineté que les Etats ont volontairement aliénée au profit de l'autorité fédérale, est aliénée à perpétuité. Les Etats ne peuvent plus reprendre leur consentement, ils ne peuvent plus refuser d'obéir aux ordres légitimes de l'autorité qu'ils ont créée.

Cette thèse est aujourd'hui admise par la grande majorité des auteurs ; Bryce la soutient dans son livre sur la République américaine, mais elle a été longtemps discutée.

Pendant toute la première moitié de ce siècle, il y eut un grand parti aux Etats-Unis qui reconnaissait aux Etats le droit, non seulement de se soustraire aux injonctions du gouvernement central, mais même de se retirer de la fédération s'ils le jugeaient à propos. Ce parti a pris naissance dès les commencements de l'Union.

(¹) Amendement 10ᵉ à la constitution.

Plusieurs Etats ne donnèrent leur adhésion qu'en spé-
cifiant expressément leur droit de se retirer de l'Union :
« Nous, délégués du peuple de la Virginie, déclarons et
faisons savoir en son nom que les pouvoirs accordés
d'après la constitution, venant du peuple des Etats-
Unis, peuvent être repris par lui dès qu'on en abu-
serait pour lui faire tort ou l'opprimer ». New-York et
Rhode-Island firent des déclarations analogues. Jeffer-
son Davis, membre de la convention de Philadelphie et
plus tard président des Etats-Unis, soutenait les prétentions de ces Etats.

Nous repoussons cette thèse. Les Etats qui entrent
dans une fédération se démettent pour toujours d'une
portion de leur souveraineté, et ils ne sont pas plus
libres de la reprendre, qu'un département français,
même parvenu, par hypothèse, à un haut degré de
développement, n'est libre de s'affranchir. Nous reviendrons sur cette idée dans le chapitre consacré à la théorie de la souveraineté.

Ce n'est donc pas dans une rupture du pacte constitutionnel qu'il faut chercher la solution légale des conflits entre la souveraineté fédérale et les souverainetés
locales. La possibilité d'une rupture n'est plus guère
admise aujourd'hui et, si nous avons analysé cette ancienne doctrine, c'est pour montrer combien les Etats
étaient persuadés de leur puissance, et pour prouver
que si les défenseurs de l'Union étaient nombreux et
opiniâtres, les partisans du morcellement ne l'étaient
pas beaucoup moins.

III. AMENDEMENTS A LA CONSTITUTION

Mais si le pacte fédéral ne peut plus être rompu, on peut toujours amender la constitution. Le droit d'amendement est reconnu par la constitution elle-même, qui organise la procédure de la révision.

Le congrès peut ordonner les révisions à la constitution fédérale quand elles ont été demandées par les deux tiers des deux chambres ou les deux tiers des Etats. Une Convention est réunie pour voter ces amendements, mais ces amendements n'ont force de loi que lorsqu'ils ont été approuvés par les trois quarts des législatures des Etats, ou les trois quarts des Conventions réunies dan chacun d'eux ([1]). Comme la ratification de la constitution, les révisions sont donc soumises aux Etats. Il est à remarquer, toutefois, que, pour la ratification, il fallut l'acceptation de chaque Etat pris individuellement, tandis que les amendements sont exécutoires alors qu'ils n'ont obtenu que les trois quarts des suffrages. Cela s'explique aisément. En adhérant individuellement au pacte de 1787, les Etats l'ont accepté librement avec toutes ses conséquences, liant leur consentement pour le cas où, en vue d'un amendement, la majorité constitutionnelle serait réunie.

Le nombre des Etats s'étant considérablement accru, les révisions sont devenues de plus en plus difficiles. Pour l'un des derniers amendements on eut même une grande peine à réunir la majorité nécessaire. Le 14e amendement qui, ainsi que nous le verrons au chapitre

([1]) Constitution, art. 5.

suivant, porta une grave atteinte à la souveraineté locale, ne passa qu'à la faveur d'un expédient.

Deux Etats fidèles à l'Union, l'Ohio et le New-Jersey, qui avaient donné leur adhésion en 1866 et 1867, la rétractèrent en janvier et avril 1868. Au contraire, les deux Carolines, qui rejetaient l'amendement en 1866, l'acceptèrent les 4 et 9 juillet 1868. On refusa d'admettre la rétractation défavorable à l'amendement de l'Ohio et du New-Jersey, et, afin de réunir la majorité nécessaire, on admit la rétractation favorable des deux Carolines. Il y a là une contradiction flagrante, qui s'explique seulement par le trouble général de toutes les institutions à cette époque révolutionnaire. Peut-être même faut-il se féliciter de la décision prise, si l'on songe aux conflits sanglants qu'aurait occasionnés le rejet de l'amendement. Mais il n'en est pas moins vrai que l'une des plus graves restrictions de la souveraineté locale est née d'un expédient illégal.

Les Américains ont dû aux précautions prises contre des amendements précipités, de jouir d'un état politique très stable au milieu d'un état social troublé. Ces précautions forment en temps ordinaire une garantie très sérieuse pour la souveraineté locale contre les empiètements du gouvernement national. Puisque les attributions du Congrès ne peuvent être augmentées sans un amendement constitutionnel, et que, pour donner force de loi à un amendement, il faut réunir la majorité des trois quarts des Etats, les autorités locales se protègent elles-mêmes.

Les dix premiers amendements passèrent sans trop

de peine. Au lieu d'aboutir comme le 13ᵉ, le 14ᵉ et le 15ᵉ, à une diminution de la souveraineté locale imposée par la force, ils furent, au contraire, consentis par le gouvernement fédéral à la demande des Etats. Il y a, entre les premiers amendements et les trois derniers, une différence profonde tenant à la différence même de la situation respective des deux souverainetés dans les vingt années qui suivirent le vote de la constitution et au lendemain de la guerre de sécession.

La constitution de 1787 n'était pas accompagnée d'une déclaration des droits. Cette absence était très remarquée et violemment critiquée. On pensait, en général, qu'il était nécessaire de garantir, en tête de la constitution, l'honneur, la liberté, la vie et la fortune des citoyens. Cette thèse était adoptée par l'unanimité des Etats ; aucun d'eux ne fit d'une déclaration des droits la condition expresse de son acceptation, mais tous la réclamèrent. Le gouvernement fédéral se trouva ainsi dans l'obligation de compléter l'œuvre de 1787. Les dix amendements furent votés par le Congrès dans le courant de l'année 1789 ; tous les Etats, sans exception, les ratifièrent.

Ils garantissent la liberté du culte, de la parole, de la presse ; le droit de porter des armes ; l'inviolabilité du citoyen et de son domicile ; la mise en accusation et le jugement par le jury.

Le 9ᵉ et le 10ᵉ amendements sont relatifs à l'interprétation de la constitution.

9ᵉ « L'énumération, faite dans cette constitution de certains droits, ne pourra être interprétée de manière à

exclure ou affaiblir d'autres droits conservés par le peuple ».

10° « Les pouvoirs non délégués aux Etats-Unis par
la constitution ou ceux qu'elle ne défend pas aux Etats
d'exercer, sont réservés à ceux-ci ou au peuple ».

Ces deux amendements ont une grande importance
au point de vue de la politique intérieure ; ils donnent
au gouvernement fédéral une compétence exception-
nelle, réduite aux attributions fixées et prévues par le
texte constitutionnel. Le 10ᵉ amendement, tout particulièrement, donnait satisfaction à l'esprit d'indépendance locale. Ses termes sont assez vagues et prêtent
à une interprétation élastique, mais on a préféré cette
largeur de termes à une précision trop rigoureuse. Au
moment du vote, on avait proposé de remplacer les
mots *pouvoirs non délégués,* par les mots *pouvoirs non expressément délégués.* Quelques Etats prétendaient limiter très étroitement le gouvernement fédéral. On n'ac-
cepta pas cette rédaction par crainte de paralyser
complètement le Congrès, en le réduisant aux attributions strictement concédées par la constitution. En fait,
on aurait eu lieu de se repentir dans la suite d'une telle
parcimonie ; bien des œuvres utiles auraient été empê-
chées. Nous verrons, par exemple, en parlant de la construction des grandes lignes de chemin de fer, que le Congrès ne trouva pas de texte précis pour autoriser son
intervention. Il dut faire appel à une disposition générale de l'article 1ᵉʳ, section VIII, § 1ᵉʳ : « Le Congrès aura
le pouvoir de pourvoir... à la défense commune et au bien
général des Etats-Unis ». Il était impossible de prévoir

dans la constitution tous les besoins futurs de l'Union ;
une certaine latitude devait être laissée au Congrès dans
l'intérêt général. Mais l'amendement trace une ligne de
conduite pour l'interprétation de la constitution ; il
contient un des principes fondamentaux du droit public
américain. Toutes les fois que les cours fédérales ont
à se prononcer sur la constitutionnalité des lois, elles
font application de ce 10ᵉ amendement. Si une loi n'est
pas autorisée par un texte précis de la constitution ou
par le développement logique d'un des principes ou
d'une des dispositions de la constitution, elle ne doit
pas être appliquée.

Le 11ᵉ amendement, proposé par le congrès en 1794
et déclaré adopté en 1798, dit que : « Le pouvoir judiciaire ne sera point interprété de manière à pouvoir
s'appliquer à tout procès, *in law or equity*, déjà com-
mencé ou poursuivi contre un des Etats par les citoyens
d'un autre Etat, ou par des citoyens sujets d'un Etat
étranger ».

La constitution (¹) disait que « le pouvoir judiciaire
s'étendrait aux contestations entre un Etat et des citoyens d'un autre Etat... entre un Etat, ou les citoyens
de cet Etat, et des Etats, citoyens, ou sujets étrangers ».

Les Etats voulaient réduire la compétence du pouvoir judiciaire fédéral aux cas où ils étaient demandeurs, et leur soustraire toutes les causes dans lesquelles ils étaient défendeurs. Leur réclamation équivalait,

(¹) Art. 3, sect. 2.

en somme, à l'affranchissement de toute juridiction, puisqu'un citoyen étranger n'aurait plus de moyens de recours contre eux. La question était très controversée. Antérieurement au vote de l'amendement, en 1793, la cour suprême s'était déclarée compétente dans les affaires où les Etats étaient en instance contre des citoyens étrangers : « Les Etats-Unis constituant une nation, disait son arrêt, la prétendue souveraineté des Etats individuels a été modifiée à ce point de les rendre justiciables des cours nationales, soit comme demandeurs, soit comme défendeurs, sans distinction » (¹).

J'estime que la doctrine de la Cour suprême était conforme aux principes de la constitution, mais elle avait le tort d'être en opposition avec les Etats, très puissants à ce moment-là. Leur influence fit voter ce 11ᵉ amendement, qui marque, à mon avis, une augmentation notable de leur indépendance. Cet amendement a, d'ailleurs, dans la suite, produit un assez fâcheux résultat en permettant à quelques Etats de se soustraire par la banqueroute aux conséquences de leurs engagements.

Les onze premiers amendements sont donc dus à l'initiative des Etats, qui les imposèrent en quelque sorte au Congrès. Le 12ᵉ amendement, relatif à l'élection du président et adopté en 1804, ne se rattache pas à un conflit entre les deux souverainetés. Il remanie un article de la constitution dont la pratique avait révélé les graves inconvénients.

(¹) Carlier, II, p. 184.

Le 13ᵉ, le 14ᵉ et le 15ᵉ amendements, au contraire, sont nés dans une période de crise aiguë. Nous verrons plus loin qu'ils ont amené une extension considérable de l'autorité fédérale.

CHAPITRE II

LA LÉGISLATION

I. Pouvoirs du congrès, pouvoirs des législatures d'états

La section huitième de l'article premier de la constitution fixe les attributions du Congrès. Il a le pouvoir d'établir des impôts, de payer les dettes publiques, d'emprunter sur le crédit des Etats-Unis, de régler les questions commerciales entre les Etats de l'Union, ou avec les Indiens, ou avec les nations étrangères. Il peut frapper monnaie et punir les contrefacteurs de sa monnaie. Il peut établir une règle générale pour les naturalisations et des lois générales sur les banqueroutes dans tous les Etats-Unis.

Il établit des bureaux de poste et des routes. Il encourage les arts et les sciences et assure des brevets

pour des périodes limitées. Il établit des tribunaux su-
bordonnés à la Cour suprême, prévoit et punit la pira-
terie. Il déclare la guerre, lève des armées et entretient
une flotte. Il surveille la milice, mais la nomination des
officiers est réservée aux Etats. Il exerce le pouvoir
législatif sur des territoires qui, comme le district de
Washington, sont directement soumis à son autorité.
Cette énumération nous montre que les pouvoirs du
Congrès sont assez limités ; seules, les matières d'intérêt
véritablement fédéral rentrent dans ses attributions :
impôt fédéral, crédit fédéral, commerce avec les étrangers, monnaie, postes et routes fédérales, guerre et
marine. La constitution laisse une très large part à
l'initiative des législatures d'Etats. Celles-ci règlent
souverainement toute la législation civile et pénale,
toutes les questions relatives au commerce intérieur.
Elles établissent des taxes, elles créent des routes ; sauf
les quelques matières attribuées au Congrès, tout ce
qui assure l'existence et la prospérité d'un peuple civilisé appartient aux assemblées locales.

L'énumération faite par la constitution est limitative ;
le Congrès est radicalement incompétent pour tout ce
qui ne lui a pas été accordé. Si un besoin nouveau, non
prévu par la convention de Philadelphie, se fait sentir,
nécessitant des mesures législatives, les assemblées
locales auront seules plein pouvoir.

« Chaque loi d'un Etat, dit M. Bryce, chaque ordre
d'une autorité d'Etat compétente, oblige les citoyens,
tandis que le gouvernement national a seulement un
pouvoir limité : il peut légiférer ou commander seule-

ment dans certains buts et sur certains sujets. Mais, en
dedans des limites de son pouvoir, son autorité est
plus grande que celle de l'Etat et doit être obéie au
risque de désobéir à l'Etat » (¹).

Malgré le soin que la constitution a pris de régler
les compétences respectives des deux autorités, les conflits sont fréquents en matière législative. Sans parler
des grandes querelles du milieu de ce siècle, il y a
souvent des luttes de détail. Il peut y avoir en fait quelques point douteux, rentrant à la fois dans les attributions du Congrès fédéral et dans celles des assemblées
locales. Il y a même des matières, nous le verrons plus
loin, que la constitution avait décrétées fédérales, telles
que les banqueroutes et qui sont aujourd'hui réglées
par la législation locale.

II. Conflits relatifs a l'état des personnes

Naturalisation. — La qualité de citoyen s'obtient de
deux façons : par la naissance et par la naturalisation.
Si on naît citoyen d'Etat, on devient de droit citoyen de
l'Union. La question de la naturalisation n'est pas aussi
simple : les prescriptions à remplir pour devenir citoyen
de l'Union sont établies par la législation fédérale ; les
prescriptions pour devenir citoyen d'Etat relèvent des
législations locales, sous les restrictions dont nous
allons parler.

D'une manière générale, on peut dire que la naturalisation s'obtient très facilement en Amérique. Les

(¹) Bryce, *The American Commonwealth*, I, p. 440.

Etats-Unis ont augmenté leur population dans des pro-
portions considérables, en favorisant de tout leur pouvoir les émigrations en masse. Quelques années de
résidence suffisent pour faire d'un étranger un citoyen
jouissant de tous les privilèges des Américains de naissance, acquérant ainsi très rapidement une seconde
patrie.

Les règles de la législation fédérale relatives à la naturalisation n'ont pas été établies d'un seul coup. On a
longtemps hésité sur le temps de stage. Il y a plusieurs
actes du Congrès sur la naturalisation : 1790, 1795,
14 avril 1802. Le temps de stage a été successivement
de 2 ans, 5 ans, 14 ans; on l'a fixé à 5 ans. C'est
l'autorité judiciaire qui est chargée de la naturalisation :
Cour de circuit ou de district des Etats-Unis ; Cour suprême du territoire, ou Cour de district du territoire,
ou encore Cour des archives d'un des Etats ayant juridiction de la *common law*. Devant la Cour, on certifie,
deux ans au moins avant la naturalisation, son intention
de devenir citoyen, et on renonce officiellement à sa
qualité de citoyen étranger ou de sujet d'un prince
étranger. Lorsque les cinq ans sont échus, on se représente devant la Cour, on justifie de sa conduite hono-
rable, on déclare qu'on est attaché aux principes de la
constitution américaine, on renonce à ses titres de no-
blessse ou à toute autre distinction héréditaire, si on
en a, puis on prête serment. Procès-verbal est dressé
et déposé aux archives. A partir de ce moment, on est
citoyen des Etats-Unis.

La qualité de citoyen, qu'elle appartienne de nais-

sance ou qu'elle soit acquise par naturalisation, peut
être perdue, soit par une condamnation criminelle, soit
par désertion de l'armée, soit par l'emploi de manœuvres susceptibles de se soustraire au service dans les
armée de terre et de mer.

Nous allons étudier maintenant les conditions requises pour devenir citoyen d'Etat.

Les citoyens d'un Etat qui vont dans un autre Etat
jouissent de tous les privilèges et immunités des
citoyens de ce dernier Etat, sauf en ce qui concerne
les droits politiques ou certains privilèges d'une nature
spéciale, tels que le Homestead. Mais ils peuvent, après
un court espace de temps de résidence, devenir citoyens
de l'Etat dans lequel ils sont allés se fixer.

Quant aux étrangers, les règles de la naturalisation
varient d'Etat à Etat. Bon nombre d'entre eux soumet-
tent les étrangers aux règles d'une naturalisation spéciale avec un temps de stage plus ou moins long. D'autres se contentent, pour considérer un individu comme
citoyen d'Etat, de la déclaration d'intention faite conformément aux règles fédérales, deux ans au moins à
l'avance, devant une Cour de justice. De sorte que, par
ce moyen, comme par le précédent, un individu qui
renonce ensuite à pousser jusqu'au bout sa naturalisation, sera citoyen d'Etat sans être citoyen de l'Union.

Après la guerre de sécession, l'indépendance des
Etats en matière de naturalisation fut gravement atteinte.
Le 13ᵉ amendement, qui prononce l'émancipation des
esclaves, ayant été ratifié le 5 avril 1865, il restait à définir leur condition civile et politique. Ce fut l'objet

d'une simple loi, votée par le Congrès le 9 avril 1866, qui naturalisa les affranchis : « Tous les individus nés aux Etats-Unis et non sujets d'une puissance étrangère (à l'exclusion des Indiens non taxés), sont déclarés citoyens de ce pays ».

Le 14ᵉ amendement constitutionnel, adopté peu d'années après, vint renforcer les dispositions de cette loi. Les Etats doivent désormais admettre comme citoyens les individus qui satisfont aux prescriptions fédérales. Avant la guerre, ils avaient la plus grande liberté pour exclure les étrangers, les illettrés, les noirs et les hommes de couleur ; depuis la loi et l'amendement, ils sont forcés d'accueillir tous ceux qui remplissent les conditions requises.

La section première du 14ᵉ amendement déclare en effet que : « Tous individus nés ou naturalisés aux Etats-Unis et soumis à leur puissance, sont déclarés citoyens, *non seulement de l'Union, mais encore de l'Etat où ils résident* » (¹).

En vertu de ce texte, il suffit à un noir d'être né sur le territoire américain pour obtenir la qualité de citoyen, pourvu qu'il ne se soit pas rendu coupable de certains crimes ou délits. Ce texte fait disparaître la large initiative des Etats. Autrefois, on pouvait être citoyen de l'Union, sans être citoyen du pays où l'on résidait. Aujourd'hui, la première des qualités entraîne

(¹) L'amendement n'a pas fait disparaître la loi; celle-ci subsiste toujours et quelques-unes de ses dispositions se trouvent différer du texte constitutionnel. Nous ne pouvons entrer ici dans les discussions qui ont été soulevées à cet égard. V. Carlier, II, p. 238 s.

nécessairement la seconde. Un émigrant n'a donc plus qu'à se préoccuper de satisfaire aux obligations de la loi fédérale, pour jouir des mêmes prérogatives que les personnes nées aux Etats-Unis. Il est vrai qu'il peut très bien, s'il le veut, se contenter de la qualité de citoyen d'Etat. Celle-ci est facile à obtenir, comme nous l'avons vu, et suffit à l'exercice de la presque totalité des droits civils et politiques.

En résumé, les Etats sont toujours libres d'édicter des prescriptions moins sévères que celles de la loi fédérale pour l'obtention de la qualité de citoyen d'Etat, mais ils ne peuvent pas, comme autrefois, se montrer plus exigeants.

Rapports de la naturalisation avec le droit de suffrage. — Il n'est pas nécessaire d'être naturalisé pour avoir le droit de suffrage. La plupart des Etats se contentent, chez leurs électeurs, d'un temps de résidence quelquefois très court. Quel est donc l'intérêt puissant de la naturalisation et pourquoi en est-il fait mention dans un monument aussi important que le 14ᵉ amendement ? Pourquoi le pouvoir fédéral a-t-il jugé nécessaire de restreindre sur ce point la souveraineté locale ? C'est parce que les Etats ne peuvent pas, en principe, refuser le droit de vote aux citoyens. Si donc la loi constitutionnelle proclame citoyens des Etats-Unis tels ou tels individus, ils pourront donner leurs voix dans les élections fédérales ; si ces mêmes individus sont déclarés citoyens des Etats particuliers, il faudra les laisser voter dans les élections locales. En accordant la naturalisation à tous les individus nés en Amérique, l'amendement accordait par cela même le droit de vote à un nombre immense d'esclaves. C'était le but qu'on poursuivait. Voilà pourquoi les textes cités plus haut qui, détachés des événements, sembleraient n'avoir qu'une importance de second ordre, ont porté, en leur temps, un coup profond à la souveraineté locale.

Droit de suffrage. — Avant la proclamation d'indépendance, il existait dans chaque Etat un droit électoral. Le Connecticut et le Rhode-Island avaient encore en 1787 des droits fondés sur de vieilles chartes royales de 1662 et de 1663. Les législateurs des Etats avaient le droit de modifier le système électoral ; il n'était pas établi partout sur les mêmes bases. Ici, la qualité d'électeur était attachée à la résidence plus ou moins prolongée et au paiement de certaines taxes ; ailleurs, à la résidence seulement; ailleurs, à quelques services publics, à la possession d'une propriété libre, à l'acquittement de l'impôt. Tout au plus aurait-on pu citer deux constitutions locales réglant ce point par des prescriptions identiques. L'art. I, sect. II, § 1er de la Constitution des Etats-Unis décida que, pour voter dans le gouvernement fédéral, il fallait avoir la capacité requise dans chaque Etat particulier : « Les électeurs, dans chaque Etat, devront avoir les qualités exigées pour la branche la plus nombreuse de la législature de l'Etat ». C'était remettre le droit électoral tout entier à la souveraineté locale.

On avait proposé un système d'électorat uniforme pour tout ce qui touchait aux matières fédérales, mais ce système ne prévalut pas. L'indépendance de l'Etat en matière de droit de vote ne reçut pas de limitation. Les constituants pensèrent qu'ils assureraient ainsi le bonheur général ; Burke déclara que « le premier devoir d'un gouvernement est d'assurer le bien-être de la nation, au lieu de flatter, par le spectacle de l'uniformité des lois, les opinions abstraites des politiciens de cabinet ».

De là vint, dans la même chambre, des différences très grandes, suivant que le droit de vote était plus ou moins restreint. On voyait ainsi figurer côte à côte le scrutin de liste, le vote par district, l'unité de collège. En 1847, une loi ordonna le scrutin de liste, mais sans infirmer le droit des souverainetés locales de régler l'électorat.

C'est seulement à l'époque de la guerre de sécession que le gouvernement national imposa aux gouvernements d'Etats un droit électoral fondé sur des principes nouveaux. Le 13ᵉ amendement avait proclamé l'émancipation des esclaves, le 14ᵉ et le 15ᵉ prononcèrent leur accession au droit de vote.

Il fallut la force pour imposer aux Etats du Sud la reconnaissance des droits civiques de leurs esclaves émancipés. A la faveur de l'exclusion des noirs, un gouvernement aristocratique s'était établi chez eux ; le pouvoir se perpétuait entre les mains de quelques grandes familles privilégiées. Ce régime s'était développé surtout dans la Caroline du Sud. Dans ces Etats, l'émancipation de la race noire et l'avènement des grandes masses électorales devaient bouleverser le gouvernement interne. C'est une des grandes causes de leurs résistances, et c'est justement ce qui accentue encore la victoire du gouvernement national. Non seulement celui-ci imposa des bases nouvelles à la représentation des Etats au Congrès, contrairement à leurs immunités traditionnelles, mais encore il changea complètement les gouvernements locaux, remplaçant les vieux principes aristocratiques par la démocratie.

La section première du 14ᵉ amendement, proposé par le Congrès en 1866 et adopté en 1868, décide : « qu'aucun Etat n'édictera de lois portant atteinte aux privilèges et immunité des citoyens des Etats-Unis ; et, s'il en existe, il ne leur donnera aucune force d'exécution ». Au nombre de ces privilèges était le droit de suffrage.

La deuxième section établit l'égalité de tous au point de vue des droits publics : « Les membres de la chambre des représentants seront répartis entre les Etats, eu égard au nombre de leur population respective, chaque individu comptant pour une tête ».

Il ne suffisait pas de prononcer le droit électoral des anciens esclaves affranchis, il fallait éviter les exclusions plus ou moins arbitraires. Il fallait donner à l'Union le droit de forcer les Etats à laisser voter les noirs. L'amendement prit quelques dispositions dans ce but, mais nous allons voir que ces dispositions n'étaient pas suffisantes pour assurer d'une façon définitive le suffrage des affranchis :

« Si le droit de suffrage, dans une des élections pour le choix des électeurs du président et du vice-président des Etats-Unis et des représentants au Congrès, des fonctionnaires de l'ordre civil ou judiciaire d'un Etat

et des membres de la législature, était refusé à aucun
habitant mâle de cet Etat, âgé de 21 ans et citoyen des
Etats-Unis, ou s'il y était porté atteinte d'une façon
quelconque, excepté pour cause de participation à la
rébellion ou à tous autres crimes, la base de représentation pour cet Etat serait réduite en proportion du nombre des individus éliminés comparativement à la masse
des citoyens mâles de cet Etat âgés de 21 ans ».

Ainsi toute exclusion d'un citoyen des Etats-Unis — et
tous les anciens esclaves émancipés ont cette qualité, —
a pour effet de réduire la représentation de l'Etat.
L'amendement intervient donc dans la politique interne
des Etats pour empêcher l'exclusion des noirs. Cependant, cette intervention n'est pas encore complète.
L'amendement n'ordonne pas aux Etats d'une façon for-
melle et sous la sanction d'une contrainte par la force
de reconnaître les droits politiques de leurs affranchis;
il leur dit seulement: toute exclusion non justifiée par
des crimes entraînera une réduction proportionnelle
de la représentation. En dedans de ces limites, l'Etat
reste libre.

Tel quel, l'amendement portait une grave atteinte à
la souveraineté locale, mais si l'Etat préférait voir
réduire le chiffre de sa représentation et exclure les
noirs ou un certain nombre d'entre eux, l'Union n'avait
pas le moyen de le forcer. Le droit de suffrage des
anciens esclaves n'était donc pas définitivement garanti
par le 14e amendement.

Le gouvernement fédéral ne tarda pas à faire un pas
de plus. L'année suivante, en 1869, le Congrès proposa

le 15e amendement qui fut déclaré adopté en 1870 :
« Le droit des citoyens au suffrage électoral ne pourra
être ni refusé ni restreint par les Etats-Unis et par
aucun Etat, par la considération de la race, de la couleur ou d'une condition antérieure de servitude. Le
Congrès aura tout pouvoir pour assurer la sanction de
cet article par une législation appropriée à son objet ».

C'est cette disposition qui a eu pour effet direct de
faire passer le pouvoir aux mains de la race noire dans
les Etats du Sud ; les anciens esclaves, étant plus nombreux que les blancs, en profitèrent pour devenir les
maîtres. Ce fut un véritable écrasement de l'indépendance locale. Il est vrai, comme nous le verrons tout à
l'heure, que les noirs, une fois arrivés au pouvoir, se
rendirent coupables de véritables abus, et qu'ils perdi-
rent bientôt l'appui moral du gouvernement national.
Leur attitude provoqua une réaction à laquelle nous
assistons aujourd'hui.

Mais, pendant quelques années, la souveraineté de
l'Etat en matière électorale, surtout dans le Sud, fut
singulièrement diminuée.

Il convient d'observer que les amendements constitutionnels intervenus à l'occasion de la guerre de sécession n'ont pas moins amoindri la souveraineté des
Etats fidèles que celle des Etats révoltés. Ni les uns
ni les autres ne purent se dérober aux conséquences
des nouveaux principes du droit électoral. Cependant,
l'influence des amendements se fit beaucoup plus sentir
dans les Etats du Sud, parce que c'est surtout contre
eux qu'ils étaient dirigés, et que c'est seulement chez

eux qu'ils bouleversèrent le droit public. En droit, la
souveraineté de tous était atteinte ; en fait, les gouvernements du Sud devaient seuls en souffrir.

Il y eut, à cette époque, une intervention si complète
des pouvoirs fédéraux dans le régime électoral des
Etats, qu'ils ne se bornèrent pas à poser les principes
du nouveau droit électoral ; ils n'hésitèrent pas à entrer
dans le détail. Nous parlerons, au chapitre suivant, de
l'établissement des « *supervisors of elections* ».

L'élection des sénateurs fut réglée par une loi du
25 juillet 1866.

Nous avons vu, au chapitre précédent, que le sénat
est, dans le gouvernement fédéral, le représentant de
la souveraineté locale. Avant 1866, les législatures des
Etats avaient le droit de poser elles-mêmes les règles
de l'élection de ses membres. La constitution (¹) décidait que : « le temps, le lieu, le mode de procéder aux
élections des sénateurs et des représentants, seront
réglés dans chaque Etat par sa législature » ; mais ce
même paragraphe ajoutait : « le Congrès peut, par une
loi, changer ces règlements ou en faire de nouveaux,
excepté pourtant en ce qui concerne le lieu où les
sénateurs doivent être élus. » Le lieu de l'élection des
sénateurs doit toujours être le siège des législatures.

Pendant longtemps, le Congrès n'avait pas fait
usage de son droit de législation sur les élections séna-
toriales : il intervint à la faveur de la guerre de sécession. Redoutant la force d'inertie dont le but serait de
faire échec au gouvernement central, il prit quelques

(¹) Art. 1, sect. 4, § 1.

mesures pour obliger les législatures à pourvoir aux vacances. Les assemblées locales n'ont plus la faculté de retarder l'époque des élections; elles doivent combler les vides dès qu'ils se produisent.

Si une vacance a lieu pendant une session, l'élection nouvelle a lieu le deuxième mardi après l'avis officiel de la vacance. Si c'est pendant l'intervalle entre deux sessions, l'élection a lieu le deuxième mardi après l'ouverture de la session suivante.

Chaque chambre s'assemble séparément et fait choix d'un candidat; on vote de vive voix. Le lendemain, les deux chambres se réunissent en une seule assemblée et se communiquent le résultat de leur vote. Si le même individu a obtenu la majorité dans les deux chambres, il est proclamé sénateur par le Congrès. Si le choix des deux chambres n'est pas identique, elles délibèrent en commun et votent — toujours de vive voix, — jusqu'au moment où un candidat réunit la majorité.

Le gouverneur de l'Etat fournit au président du sénat des Etats-Unis une attestation de l'élection délivrée par lui. A la condition d'observer ces règles, les législatures sont libres de fixer elles-mêmes l'époque des élections et les règles à suivre. Il peut se glisser certains abus dans les décisions prises à ce point de vue par les législatures locales. La constitution, en permettant au Congrès d'intervenir pour établir des règles générales, lui a donné la faculté de pourvoir à tous les besoins. Jusqu'à présent, l'intervention fédérale n'est pas allée plus loin [1].

[1] La loi du 25 février 1882, citée par Carlier, II, p. 55 à propos de

Quel que soit l'amoindrissement qui résulta pour les souverainetés locales des dispositions que nous venons d'analyser, les anciens principes ne disparurent pas entièrement et sans laisser de traces. A la condition de ne rien faire contre les lois fédérales et de les appliquer rigoureusement, les Etats conservèrent le droit de réglementer le suffrage. Ils sont généralement fort peu sévères pour l'admission au scrutin. La plupart d'entre eux se contentent de soumettre les votants à des conditions peu sévères d'habitation dans l'Etat, le Comté, la township, la cité : « L'écart le plus grand existe entre le Kentucky, qui prescrit un domicile de deux années dans l'Etat, et le Maine, où l'on satisfait à la constitution par un séjour de trois mois. L'habitation préalable dans la circonscription offre aussi d'étranges contrastes : ici, elle doit être d'un an, de six mois, de trois mois même. Là, au contraire, il suffit de trente jours et même de dix » ([1]).

Il faut avoir 21 ans et être du sexe masculin ([2]).

Les Etats avaient autrefois établi des restrictions relatives à la fortune qui ont aujourd'hui presque complètement disparu.

En résumé, les Etats avaient avant la guerre de sécession une liberté à peu près illimitée pour l'établissement du droit électoral. Les amendements constitu-

l'élection des sénateurs, n'a trait qu'à la répartition des *Représentants* au Congrès, *Annuaire de législation étrangère*, année 1882, p. 982.

([1]) Carlier, *République Américaine*, III, p. 156.

([2]) Cependant, dans le Wyoming, une loi de 1887 a admis les femmes. La cour suprême du Wyoming a déclaré cela inconstitutionnel en 1887. Un autre essai a été fait dans le Washington en 1882.

tionnels ont eu pour effet de restreindre considérablement cette liberté et de faire passer, dans les Etats du
Sud, le pouvoir politique en de nouvelles mains. Les
Etats ont conservé cependant une juridiction assez
large en matière électorale, à la condition de respecter
les principes posés par l'Union.

*Constitution de la Caroline du Sud du 4 décembre
1895* (¹). — Nous venons de constater la mainmise de la
souveraineté nationale sur la souveraineté des Etats en
matière de droit électoral ; nous pouvons constater à
l'heure actuelle le réveil du vieux principe de l'indépendance locale.

Lorsque, dans les Etats du Sud, vaincus après la
guerre de sécession, les noirs se furent emparés du
pouvoir, leur ignorance et leur incapacité amenèrent
la ruine partout où l'autorité des blancs avait amené la
richesse et le progrès. Les blancs essayèrent de résister à l'administration de leurs anciens esclaves, mais
toute tentative de rébellion fut immédiatement écrasée
par le Congrès. Peu à peu, les fautes des noirs s'accu-
mulant, le Nord cessa de les soutenir. Vers 1876, les
blancs reçurent la permission tacite de reprendre le
pouvoir. Ils supportaient impatiemment le joug du
Congrès, mais, dans les premières années, ils étaient
terrorisés par la pensée d'une intervention de l'autorité
fédérale, et ils n'osaient pas tenter ouvertement un

(¹) *Revue Politique et Parlementaire*, chronique de M. Dunning, pro-
fesseur au Colombia College, mai 1896, p. 427 s., *Revue de droit public*,
chronique constitutionnelle et parlementaire, par F. Moreau, mai juin 1897,
p. 479 et 480.

retour vers le passé. Cette crainte diminua avec le temps et, aujourd'hui, le droit public local, dans les Etats du Sud, se relève de ses ruines.

Une des plus importantes manifestations de cet état de choses est la constitution de la Caroline du Sud, qui, dans ses conséquences, viole incontestablement le 15ᵉ amendement.

L'ancienne constitution, rédigée sous l'influence de la défaite, ne contenait aucune restriction au droit de vote fondée sur la couleur. Le texte nouveau ne comporte en ses termes aucune atteinte aux principes fédéraux, mais il tourne habilement l'obstacle.

A partir du 1ᵉʳ janvier 1898, tous les individus mâles ayant l'âge de voter et réclamant leur inscription sur les listes électorales, devront lire ou expliquer à la satisfaction du « *registration officer* », l'une quelconque des sections de la constitution. A moins de disqualifier les noirs, il était difficile de les écarter plus complètement du suffrage. Les noirs sont, en effet, presque tous illettrés, et le « *registration officer* » est un homme de race blanche. Il pourra toujours poser aux postulants des questions embarrassantes et il n'aura qu'à constater leur insuffisance pour les écarter « *ad nutum* » du droit de vote : « Quant aux blancs qui ne pourraient ni lire, ni commenter un texte de loi constitutionnelle, le *registration officer,* impitoyable pour les nègres, leur sera indulgent » (¹).

Cette nouvelle constitution n'a été, jusqu'à présent,

(¹) F. Moreau, *Revue de droit public,* mai-juin, 1897, p. 480.

l'objet d'aucune observation de la part du gouvernement national, et on peut prévoir que, lorsque ses dispositions seront en pleine vigueur, c'est-à-dire à partir de l'année 1898, la Caroline du Sud redeviendra ce qu'elle était avant la guerre et les amendements : un état aristocratique gouverné par un groupe d'électeurs formant la minorité de la population, et par quelques familles privilégiées.

Loi de Lynch. — Elle présente une certaine opportunité dans les Etats du Sud. Les nègres ont une moralité des plus chancelantes ; ils se rendent coupables de vols et d'attentats contre la propriété. Mais le crime qu'ils commettent le plus souvent et qu'il est indispensable de prévenir et de châtier avec sévérité, c'est le viol des femmes blanches. Ils y font preuve d'une incroyable brutalité.

Toutefois, à notre avis, la loi de Lynch n'est pas défendable en principe ; elle ne s'explique que par des considérations de fait, et peut-être, avec les moyens légaux dont on dispose aujourd'hui, ne s'explique-t-elle pas du tout.

L'influence fédérale tend à la faire disparaître, mais les Etats du Sud paraissent tenir à la conserver. Il n'y a pas, à proprement parler, conflit de souverainetés ; il y a seulement une lutte d'influences assez accentuée. Le gouvernement national n'emploie pas la force, il use seulement de persuasion.

Nous devons reconnaître que, dans cette lutte pacifique, l'avantage semble lui rester. Tous les Etats ont édicté des lois déclarant coupables d'assassinat ceux

qui ont assisté à un *lynching party,* mais ils sont difficiles à châtier parce que l'opinion publique leur est
favorable.

En janvier 1896, dans la Caroline du Sud, une loi a
été rendue, décidant que la circonscription locale où
un lynchage se serait produit, serait responsable pécu-
niairement envers les héritiers de la victime et aurait
un recours contre les coupables.

Il y a eu des règlements analogues proposés par les
gouverneurs de Virginie et de Géorgie.

Sur ce point particulier, l'influence fédérale paraît
donc devoir s'étendre, et il y a lieu de s'en féliciter.

III. De la possession du sol

Terres publiques. — Ce sont d'immenses étendues
de terrains non constitués en Etats. Ces terres sont
encore plus ou moins incultes et consistent en maréca-
ges, en forêts, en déserts. Les unes ont été acquises
directement sur les Indiens, soit à l'origine, lors des
premiers établissements, soit plus tard, par des cessions
successives; les autres ont été cédées par des Etats
étrangers : les terres publiques de la Floride ont été
abandonnées à l'Union par l'Espagne en 1819, et les
terres publiques de la Louisiane par l'Angleterre en
1846.

A l'origine, les Etats prétendaient être seuls propriétaires des terres publiques, parce que les chartes royales
leur avaient accordé des droits sur tous les territoires
encore déserts, ou à peu près, placés à l'Ouest ou au

Sud Ouest des territoires effectivement occupés par eux. Ces prétentions disparurent peu à peu; les Etats renoncèrent à tous leurs droits au profit de l'Union. A l'heure actuelle, le gouvernement fédéral se trouve seul possesseur de ces énormes territoires. Ceux-ci forment quatre groupes principaux : 1° Le long du golfe du Mexique; 2° dans la vallée du Mississipi; 3° dans la région des Montagnes Rocheuses; 4° sur le versant du Pacifique.

Quelques-uns arrivent à se constituer en Etats, mais la plupart ne sont encore ni peuplés, ni défrichés. Les terres publiques constituent une richesse colossale qui permet à l'Union des entreprises impossibles ailleurs et des concessions immenses.

Elles sont mêlées à toute l'histoire politique, sociale et économique des Etats-Unis, et elles ont donné lieu à beaucoup de conflits.

Quelques-uns de ces conflits ont été soulevés par de simples particuliers. Plusieurs habitants des Etats qui cédèrent leurs terres publiques à l'Union avaient des droits de propriété sur ces terres. D'abord, ils négligèrent de les faire valoir par suite de leur peu de valeur; mais, ces terrains ayant pris de l'importance, ils songèrent à leur propriété et en réclamèrent la confirmation. La question de compétence se posa aussitôt. Qui avait le pouvoir de trancher le différend ? Etait-ce la justice locale ou la justice fédérale? La question resta en suspens et, pour nous servir de l'expression de Carlier, ces terres furent « frappées d'une sorte d'interdit » qui, sur certains points, en retarda l'essor économique.

Enfin, un acte du Congrès accorda aux cours fédérales le privilège du droit de confirmation.

Mais le véritable intérêt des terres publiques est ailleurs. L'usage qu'on doit en faire a soulevé des controverses qui ont mis aux prises la souveraineté fédérale et la souveraineté locale.

Dans la première moitié de ce siècle, il fut impossible d'arriver à une solution durable. Au commencement, les Etats de l'Ouest et du Nord-Ouest, encore jeunes, soutenaient que si des terres faisant partie de leur patrimoine avaient été abandonnées au gouvernement central, c'était à tort, car seuls ils étaient capables d'en tirer un parti avantageux, en y attirant l'émigration. Plusieurs parlaient des droits qu'ils avaient sur ces terres et semblaient prêts à les faire valoir. Ils voulaient que le Congrès reconnût aux pionniers un droit de préemption moyennant une légère redevance.

Les anciens Etats de l'Est combattaient leur influence. Ils disaient que les terres publiques avaient été cédées à l'Union dans un but commun, et qu'il ne fallait pas rompre l'accord primitivement intervenu entre les Etats. Riches et bien peuplés, ils voulaient que le prix de vente de ces terres fût maintenu à un taux élevé.

La thèse des Etats de l'Ouest était favorable à leur développement, car, en favorisant les pionniers, ils attiraient l'émigration et, par conséquent, se peuplaient et s'enrichissaient. Si les terres étaient maintenues à un taux élevé, les riches spéculateurs de l'Est pourraient seuls les acquérir, et les Etats de l'Est s'établiraient ainsi sur leur propre territoire.

La thèse des Etats de l'Est était, en apparence tout au moins, favorable à l'Union, dont elle maintenait intact le droit de propriété et qu'elle enrichissait par l'élévation du prix de vente. Mais, tout en mettant en avant le but commun et l'utilité générale, ils soutenaient, en somme, l'intérêt égoïste de leurs spéculateurs.

La controverse fut portée en 1829 à la tribune du Congrès. M. Hayne, bien qu'étranger aux Etats de l'Ouest, soutint vigoureusement leurs prétentions. Il voulait favoriser les pionniers, démasquant et stigmatisant l'esprit de spéculation. Il alla jusqu'à réclamer le partage des terres publiques entre les Etats, meilleurs juges de leur destination.

M. Webster repoussa cette opinion. Il dit que le danger de la spéculation était chimérique, puisque, jusqu'à présent, l'acheteur avait manqué. Sur 210 millions d'acres mis en vente, 20 millions seulement avaient été vendus. Les Etats de l'Ouest avaient pris un grand essor, il n'était donc pas nécessaire de leur livrer les terres en les détournant de leur but commun. Selon Webster, les Etats-Unis en étaient fidéicommissaires, et ils devaient le rester, les employant à un but de prospérité générale, au mieux des intérêts de chacun.

Prenant un moyen terme entre les prétentions rivales, le Congrès accorda, le 29 mai 1830, un droit de préemption à tout pionnier possesseur à cette époque d'une portion de terres publiques cultivée, pourvu qu'elle ne dépassât pas 160 acres. C'était une sage mesure, et elle fut appliquée pendant un certain temps,

jusqu'au jour où la question des terres publiques rena-
quit avec violence.

Cette question se présenta sous une nouvelle face. La
souveraineté fédérale et la souveraineté locale se trouvèrent de nouveau aux prises, mais on ne se préoccupait plus ni de la propriété, ni de l'usage à faire des
terres publiques. On se demanda seulement s'il convenait de distribuer le prix de vente entre les Etats.

Clay, sénateur du Kentucky, se montra très favorable
à cette combinaison. Il proposa, en 1832, de distribuer
le prix des terres entre les Etats au prorata de leur
représentation au Congrès, sauf un prélèvement de
10 p. 100 au profit des nouveaux Etats.

A cela on objecta que c'était trop s'attacher au produit de la vente des terres, sans tenir assez compte de
leur utilisation et de leur peuplement, ce qui était
pourtant le but le plus élevé et le plus pratique.

Les uns disaient que c'était modifier les principes,
en substituant l'intérêt particulier à l'intérêt général,
et que la mesure équivalait, en somme, à un partage
déguisé des terres. On arriverait à troubler profondément les rapports actuels de l'Union et des Etats. La
puissance fédérale s'augmenterait, en effet, car, pos-
sédant de grandes sommes d'argent et les distribuant
aux Etats, le gouvernement national prendrait sur eux
un grand ascendant matériel. Les autres craignaient
aussi d'introduire une doctrine dangereuse dans la
législation, car il n'y aurait plus de bonnes raisons
pour ne pas étendre peu à peu cette mesure à toutes
les autres ressources de l'Union. On serait amené à

distribuer entre les Etats les excédents des autres taxes et le pouvoir central irait ainsi à sa ruine.

Sur ces entrefaites, survinrent de grandes difficultés financières. Le crédit des Etats était profondément ébranlé. Afin de le relever, un bill de 1836 décida de leur distribuer une certaine partie du prix de vente, non pas à titre de donation définitive, mais comme un simple dépôt restituable à la première réquisition du gouvernement.

C'était une décision particulièrement critiquable au point de vue des doctrines de la fédération. Il était facile de prévoir, en effet, que quelques Etats reste-raient solvables, mais que d'autres compromettraient le dépôt qui leur était confié. Ces derniers se trouve-raient donc dans une situation d'infériorité marquée vis-à-vis du pouvoir central et des Etats; ils tombe-raient à la merci du gouvernement, qui serait libre, à titre de créancier, soit de leur accorder un délai de faveur compromettant pour leur dignité, soit de les ruiner tout à fait.

Au bout de quelques années, on comprit qu'on avait fait fausse route et on rapporta la mesure. On aban-donna toute idée de partage des terres ou de partage de leur prix de vente. On revint, par un bill du 4 sep-tembre 1841, aux doctrines soutenues par les Etats de l'Ouest et on résolut de favoriser les pionniers par l'institution du homestead. La mesure rencontra d'abord quelque opposition, mais la guerre de sécession fit dis-paraître les dernières résistances. Depuis lors, il n'y a plus de conflits entre les deux souverainetés à propos

des terres publiques; les droits du gouvernement fédéral semblent être définitivement établis. Il y a là pour
lui un grand élément d'influence économique par les
concessions qu'il peut consentir et sur lesquelles nous
aurons à revenir, et d'influence sociale par la création
du homestead.

Régime de la propriété foncière dans les Etats. — Si
le gouvernement fédéral a établi sa souveraineté sur
les terres publiques malgré les résistances plus ou
moins déguisées des gouvernements locaux, nous verrons plus loin, en traitant des relations extérieures,
qu'il n'a jamais pu, malgré ses efforts, prévaloir sur les
terres faisant partie du domaine propre des Etats. Cette
matière est toujours exclusivement locale.

IV. CONFLITS EN MATIÈRE ÉCONOMIQUE

Législation sur les chemins de fer. — Les chemins
de fer ont soulevé de nombreuses discussions. Dès les
premières tentatives de construction, les Etats sont
intervenus à la fois pour les aider et pour les réglementer. Plus tard, au moment de la construction des
lignes très importantes, l'Union est intervenue à son
tour, et des conflits ont surgi. Chacune des deux souverainetés a défendu pied à pied ses attributions. Nous
allons voir cependant que la souveraineté fédérale,
comme protectrice des chemins de fer, a semblé gagner
du terrain sur les gouvernements d'Etats jusqu'à ces
dernières années; « *l'interstate commerce act* » de 1887
a sanctionné l'extension de ses pouvoirs; depuis lors,

des tendances plus décentralisatrices se sont manifestées. Ces tendances sont encore bien modestes et bien
timides, mais il faut en tenir compte.

On se demanda tout d'abord si les Etats particuliers
devaient intervenir dans le régime des chemins de fer.
La même question se posa plus tard pour l'Union, ainsi
que nous le verrons tout à l'heure. En ce qui concerne
les Etats, la solution suivante a été donnée par un arrêt
de la Cour suprême de New-York en 1831, dans le procès du *Saragota and Schenectady railway* : « Les chemins de fer sont des entreprises, des œuvres publiques
(public improvements) qui bénéficient à la nation
entière, et les législatures locales peuvent, à leur intention, faire emploi ou donner délégation du droit d'ex-
propriation... les législatures ont le droit de réglementer l'usage de la concession et de fixer le maximum des
péages (tolls) perçus ».

Tant qu'il s'est agi de la création de lignes peu étendues, reliant ensemble deux points d'un même Etat, ou
mettant deux Etats en communication, l'intervention
des pouvoirs locaux a suffi. Ils ont favorisé les premiers essais par des concessions importantes et par
des subsides en argent.

La plus ancienne ligne date de 1828; elle fut établie
par la ville de Baltimore, dans le Maryland. Quelque
temps après, la Pennsylvanie et le New-York, pour aider
au commerce avec l'Ouest, et pour développer certaines
entreprises locales, construisirent le New-York central
road, et le Pennsylvania central road, qui mirent le lac
Erié et la vallée de l'Ohio en communication avec

l'Atlantique. La Virginie, les Carolines, la Géorgie atteignirent le Mississipi ; les Etats de la nouvelle Angleterre créèrent aussi chez eux des lignes ferrées.

Mais les très grandes entreprises restaient en dehors de leurs moyens. Ils n'avaient pas l'initiative nécessaire pour les commencer, ni des capitaux suffisants pour les mener à bien. Il fallait que l'Union s'en occupât.

L'Illynois réclama le premier, vers 1850, la création d'un vaste chemin de fer de Cairo à Dunleith (560 milles de parcours), mettant en communication le lac Erié et le golfe du Mexique.

On se demanda alors si l'Union avait qualité pour intervenir dans la création des chemins de fer. Devait-elle s'occuper de cette question qui intéressait surtout les Etats traversés ; devait-elle compromettre les finances fédérales pour favoriser l'initiative privée ? Du moment que l'intervention des Etats avait déjà réussi dans les premières tentatives, l'Union ne devait-elle pas les laisser entièrement maîtres de leur action ? Ceux qui étaient partisans de l'intervention fédérale, trouvèrent, pour l'autoriser légalement, une disposition extrêmement élastique de la Constitution : « Le Congrès pourvoira à la défense commune et au bien général des Etats-Unis » (art. 1, sect. 8, § 1).

En fait, le Congrès pouvait contribuer puissamment au développement des chemins de fer par des prêts d'argent et surtout par des concessions faites sur les terres publiques. Il faisait de la sorte œuvre utile, non seulement en mettant en communication deux ou plusieurs Etats peuplés, cultivés et civilisés, mais aussi en mettant en exploitation des contrées encore sauvages. Il y avait là pour lui un moyen d'accroître largement son influence morale en même temps que la richesse · matérielle du pays.

L'Illynois obtint du Congrès 2.595.053 acres de terres publiques. Des concessions analogues furent consenties en même temps à l'Alabama et au Missouri (20 septembre 1850). D'autres Etats obtinrent les mêmes avantages dans les années suivantes (¹).

La grande œuvre du gouvernement national fut la construction des lignes interocéaniques, reliant l'Atlantique au Pacifique. Les compagnies obtinrent de vastes concessions en terres publiques et de très importants subsides en argent. En retour de leurs avantages, elles contractèrent certaines obligations, telles que le paiement d'intérêts et le transport des troupes. Pour l'établissement même de la ligne, la plus large initiative leur fut laissée, mais le Congrès conserva le droit de les déposséder en cas d'inexécution de leurs engagements (²).

Le résultat financier des grandes lignes transcontinentales n'a pas été aussi brillant qu'on l'avait espéré d'abord. Elles transportent beaucoup de voyageurs, mais les marchandises, qui sont la principale ressource des compagnies de chemin de fer, ne sont pas assez

(¹) Iowa, Michigan, Kansas, Minnesota, Wisconsin, Arkansas, Floride, Louisiane, Californie, Orégon.

(²) Ce droit de dépossession, que le Congrès s'est toujours réservé, n'a été exécuté contre les compagnies que dans des circonstances très rares, après des avertissements réitérés, et avec d'extrêmes ménagements.

abondantes. Cependant, si ces lignes, en tant qu'affaires industrielles, n'ont pas tenu toutes leurs promesses, elles sont d'un incontestable utilité au point de vue de l'intérêt général. Elles ne se sont pas enrichies elles-mêmes, mais, en activant le commerce, en reliant toutes les parties du territoire national, jadis séparées par des sortes de déserts, elles ont favorisé l'essor économique des Etats-Unis. A ce point de vue, le gouvernement fédéral n'a pas manqué le but qu'il se proposait.

Insensiblement, il a été amené à s'occuper non seulement des grandes voies ferrées, mais aussi des lignes d'importance secondaire.

Certains Etats, espérant attirer le transit des marchandises à travers leur territoire, avaient abaissé leurs tarifs. Ils se faisaient une concurrence active, mais cette concurrence, mal réglée et manquant de vue d'ensemble, avait été nuisible au bien général. Un convoi changeait de tarif à chaque frontière d'Etat; il en résultait une grande complication. On songea au gouvernement national pour donner une unité de direction. Les partisans de son intervention voulaient lui demander de régler, non pas le commerce intérieur des Etats, — ce qui était incontestablement en dehors de sa compétence, — mais seulement le commerce avec l'étranger et le commerce entre différents Etats. Même circonscrite de la sorte, la question donna lieu à de vives controverses. Le principe de la souveraineté locale ne s'oppose-t-il pas en effet à toute intervention du Congrès ?

Pour les uns, les Etats, étant maîtres chez eux, peuvent régler comme ils l'entendent les tarifs de transports. Pour d'autres, le Congrès est compétent en vertu du texte même de la constitution. L'art. I (section 8, § 3) lui donne le pouvoir « de régler le commerce avec les nations étrangères, entre les Etats, ou avec les tribus indiennes ».

L'interprétation de ce texte ne paraît pas difficile : il donne au Congrès le droit de réglementer le commerce entre les Etats de l'Union ; le Congrès peut donc fixer le tarif des marchandises qui vont d'un Etat à un autre, même sans venir de l'étranger ou sans lui être destinées. Un Etat qui s'opposerait à l'exercice de ce droit commettrait un acte d'usurpation.

Cependant, la question est délicate, et le Congrès n'a jamais fait usage de ce pouvoir qu'avec une extrême modération. Après de longues discussions et de nombreuses hésitations, l'*interstate commerce act* a été voté le 4 février 1887 ([1]). Nous allons voir que la souveraineté locale est soigneusement ménagée dans ce texte. Cette loi, qui marque peut-être l'apogée de l'intervention fédérale en matière de chemin de fer, est bien loin de menacer l'indépendance locale. Le Congrès n'a pas même usé de tout son pouvoir constitutionnel.

L'*interstate commerce act* ne touche en effet que les tarifs de marchandises et de voyageurs traversant un Etat, soit par fer, soit par eau, venant de l'étranger à destination d'un Etat quelconque, ou d'un Etat à destination de l'étranger. *Les marchandises qui circulent entre plusieurs Etats sans venir de l'étranger et sans y aller n'y sont pas soumises.*

([1]) *Annuaire de Législation étrangère*, 1888, p. 848.

Le prix du fret doit être juste et raisonnable. Tout tarif différentiel est interdit s'il porte préjudice à quelqu'un, ou s'il favorise quelqu'un au détriment d'autrui. Les compagnies doivent accorder les mêmes avantages à tous ; il est défendu de demander un prix plus élevé pour un plus long passage que pour un plus court. Les associations (poolings) entre les entrepreneurs de transports, pour détruire la concurrence entre eux sur le prix du fret et se partager le bénéfice, sont prohibées.

Cet acte, qui cependant respectait soigneusement les immunités locales, paraît aujourd'hui trop rigoureux dans certaines de ses dispositions principales. Il est facile de remarquer des tendances décentralisatrices. C'est ainsi que la prohibition des tarifs différentiels est difficilement exécutée dans les pays neufs. On reconnaît que ces tarifs ont eu parfois une heureuse influence sur le développement de certaines régions. Il y a encore, à l'heure actuelle, des pays pauvres et mal peuplés où les tarifs de transit reconnus par l'Union sont très inférieurs aux tarifs locaux.

La loi fédérale ne peut y être appliquée sans ruiner les compagnies de transport naissantes, et, par conséquent, sans compromettre l'essor économique de toute la région. On est forcé de tourner la loi ; ne voudrait-il pas mieux la modifier ?

D'autre part, la prohibition des *pools* paraît avoir fait plus de mal que de bien ; on demande leur légalisation (1).

(1) Louis-Paul Dubois, *Revue politique et parlementaire*, VII, *De la législation des chemins de fer aux Etats-Unis*, p. 88.

Aujourd'hui, la souveraineté locale, en matière de chemins de fer, est scrupuleusement ménagée. Les compagnies doivent obtenir des *charters* délivrées dans les Etats par la législature, et dans les territoires par le Congrès. Quand un chemin de fer doit traverser deux ou plusieurs Etats, il doit demander une *charter* à chaque Etat traversé ; parfois, il est vrai, il se borne à faire viser sa *charter* par le secrétaire de chaque Etat.

Je parlerai, au chapitre suivant, de la commission du commerce entre les Etats.

Législation sur les faillites et banqueroutes. Cette matière avait été mise par la Constitution entre les mains du Congrès (¹). En fait, elle est restée dans la compétence de la législature locale. Divers essais ont été tentés en 1800, 1841 et 1874 pour établir une loi fédérale sur les banqueroutes, mais ils n'ont pas abouti. Cet échec du Congrès a eu pour cause le conflit perpétuel entre les habitants du Nord et ceux du Sud et d'une partie de l'Ouest. Ces derniers, pour la plupart agriculteurs, ne pouvaient, en cas d'insuccès de leurs affaires, se libérer, comme les habitants du Nord, en abandonnant leurs biens à leurs créanciers, et s'affranchir ainsi de leur passé. Il en résultait une inégalité entre les Etats, contre laquelle s'élevèrent des réclamations. Après le dernier essai d'établissement d'une législation fédérale, un acte du Congrès, du 7 juin 1878, replaça les Etats dans leur condition antérieure au point de vue des banqueroutes. Désormais, cette matière est

(¹) Art. I, sect. 8.

réglée par les lois des Etats. Ces lois ne doivent s'appliquer que dans l'intérieur des Etats et le Congrès peut toujours reprendre, s'il le juge à propos, son droit de réglementation.

Prohibition par les législations locales des boissons alcooliques. La souveraineté fédérale et la souveraineté locale se sont trouvées en conflit à propos de la prohibition, faite par certains Etats, de la vente des liqueurs alcooliques. Les lois dites *de tempérance* ont été combattues par le Congrès, mais il faut bien reconnaître que les réclamations de ce dernier n'ont pas empêché les Etats de maintenir leur législation.

Plusieurs chambres locales ayant interdit le commerce des « intoxicating liquors », l'Union prétendit que le droit de régler l'importation et l'exportation des produits de toutes natures appartenant à elle seule en vertu de la Constitution, elle avait seule le droit d'empêcher les particuliers d'importer des boissons alcooliques. Si donc elle ne le leur défendait pas, il n'appartenait pas aux Etats d'établir des prohibitions. Le bien fondé des prétentions du Congrès a été reconnu par un arrêt de la cour suprême de New-York. Mais la plupart des Etats, et New-York lui-même, n'ont pas admis cette doctrine; ils ont maintenu contre l'Union leurs lois d'exclusion. Cependant, pour éviter des difficultés, ils ont introduit des tempéraments; plusieurs ont, en effet, décidé que les boissons alcooliques pourraient être reçues sur leur territoire, à condition de ne pas quitter leurs caisses d'emballages. Ce qu'on voulait éviter, c'était la vente au détail et, par conséquent, l'alcoolisme. Les lois de tempérance avaient en somme un but louable, mais elles avaient le tort d'être inconstitutionnelles, abusives et arbitraires.

Inconstitutionnelles, car, ainsi que le fait très justement remarquer M. Carlier, la vente au détail est une conséquence du droit d'importation. Sans la vente au détail, l'importation n'a plus de raison d'être. Si donc le gouvernement central tolère les boissons alcooliques par le fait même qu'il les taxe à l'entrée, les Etats n'ont pas à les défendre.

Abusives et arbitraires, car sous prétexte d'empêcher l'alcoolisme, qui est une exception, on ne doit pas prohiber, d'une façon complète, le commerce d'une denrée dont l'usage modéré peut être bon en lui-même.

Quoi qu'il en soit, les Etats n'ont pas cédé au Congrès. Admettre les boissons alcooliques en transit sur leur territoire, ce n'était pas donner satisfaction au gouvernement fédéral qui réclamait l'autorisation de la vente au détail. Peu à peu, cependant, sous la pression des faits et non pour obéir au Congrès, quelques Etats se sont départis de leur rigueur première. Ici on a établi que les boissons alcooliques pourraient être vendues par lots assez forts pour ne pouvoir être achetés que par des gens aisés ; ailleurs on a permis de les vendre, à titre de remèdes, par l'intermédiaire des pharmaciens, ou pour faire des expériences chimiques, ou encore pour l'administration du sacrement. Aujourd'hui on penche plutôt vers une taxation élevée de la patente des marchands de ces liquides, et ces mesures semblent devoir produire de meilleurs résultats qu'une prohibition absolue, car la prohibition était une cause de fraude.

Le conflit qui s'est élevé autour des lois de tempérance est d'une importance de second ordre, mais il porte avec lui son enseignement. Il est de date assez récente, car, en 1888, au moment de la publication de l'ouvrage de Carlier, il était à peine entré dans une voie d'apaisement. Il nous montre les Etats résistant efficacement aux ordres du Congrès sur une matière que la constitution elle-même place dans la compétence fédérale. C'est un fait qui a une certaine importance à l'appui de notre thèse, car il montre toute la vitalité des souverainetés locales.

V. Prestige comparé du congrès et des législatures d'États

A la fin de son ouvrage sur le pouvoir exécutif aux Etats-Unis, M. de Chambrun exprime l'avis que si jamais les institutions d'Etats tombaient en décadence, ce serait l'autorité fédérale qui en profiterait. L'autorité du gouvernement national grandirait à mesure que dépérirait celle des gouvernements locaux. Je crois que cette opinion a un grand fondement de vérité et que, réciproquement, si les institutions fédérales tombaient en décadence, les pouvoirs locaux en bénéficieraient. Les deux gouvernements, étant en face l'un de l'autre et en perpétuel antagonisme, tout ce qui amoindrit l'un augmente l'autre.

Jusqu'à présent, au cours de ce chapitre, j'ai étudié les fluctuations réciproques des législatures d'Etats et du Congrès. Dans chaque cas particulier, j'ai tâché de montrer quelle a été l'issue du conflit, tantôt favorable, tantôt nuisible au développement de la puissance fédérale. A côté de ces circonstances de fait, à côté du vote des grands amendements, des lois sur l'utilisation des terres publiques, de la législation des chemins de fer, il y a d'autres causes plus générales qui influent sur l'autorité réciproque des deux gouvernements. Ce sont ces causes que je voudrais maintenant dégager. Elles se rattachent directement au fonctionnement même des institutions. C'est d'elles que dépendent leur progrès ou leur décadence.

Je veux examiner quel est le prestige de chacune des deux législatures, quelle est l'étendue de leur autorité morale sur l'esprit de la population. Leur puissance effective est proportionnée à la confiance qu'elles inspirent. Si donc la confiance inspirée par la législature fédérale est plus grande, les Chambres locales, au bout d'un certain nombre d'années, verront leur pouvoir matériel sensiblement diminuer.

D'une façon générale, les Assemblées délibérantes ne sont point populaires en Amérique. Le duc de Noailles, dans son ouvrage sur les Etats-Unis, nous montre la tendance du peuple à se méfier de ses représentants. Il cite de nombreux articles de journaux violemment hostiles aux membres de la législature. A vrai dire, les témoignages des journaux, — bien que de leur unanimité et de leur continuité pendant une longue suite d'années on puisse tirer un enseignement, — sont sujets à caution. Mais il y a des faits précis sur lesquels nous reviendrons tout à l'heure et qui prouvent, d'une manière inébranlable, l'impopularité des Chambres.

Les abus qui se sont introduits dans les Assemblées s'expliquent par la base trop étendue du suffrage universel, par les mœurs électorales assez peu scrupuleuses des Américains, enfin par la fâcheuse tendance des Etats à admettre, pour grossir le chiffre de leurs électeurs et, par conséquent, de leurs représentants, les étrangers de toutes sortes, les émigrants de toute provenance, sans garanties suffisantes de résidence et de moralité. Le corps électoral vote mal, parce qu'il est mal composé.

Mais, s'il en est ainsi, il semble à première vue que, le mal étant le même pour l'élection du Congrès et des législatures locales, l'équilibre doive se rétablir entre le prestige des deux autorités. Les fraudes électorales, la vénalité des suffrages, la concussion des élus doivent également exercer leur fâcheuse influence sur les deux gouvernements.

Contrairement à ce raisonnement *à priori*, le mal se fait surtout sentir dans les Chambres locales. La législature fédérale en souffre moins. Ce fait tient à deux causes.

D'abord, en ce qui concerne la Chambre des représentants, la proportion des électeurs aux élus étant considérable, le danger se trouve diminué. Les représentants doivent leur nomination à un très grand nombre d'individus; ils sont donc plus éloignés de la fâcheuse influence de chaque groupe d'électeurs que les membres des législatures d'Etats, nommés par un corps plus restreint.

Mais la grande cause de stabilité pour les institutions fédérales est la présence du Sénat. Le Sénat, nommé par les Chambres locales, c'est-à-dire par un groupe d'électeurs déjà sélectionné, est à l'abri des excès de la démocratie. Il jouit d'un prestige très étendu ; il assure, en vertu de son autorité morale, aux lois fédérales et à tous les actes du gouvernement, le respect et la confiance de tous.

Les législatures locales manquent de ce contre-poids qu'opposent, dans le Congrès, les sénateurs aux représentants. Elles se composent bien elles aussi de deux chambres dont l'une est appelée Sénat, mais il n'y a pas de différences notables entre elles quant au mode de recrutement. Elles sont en général toutes deux également issues du suffrage universel et présentent les mêmes inconvénients.

Il y a des faits précis qui prouvent l'impopularité des assemblées locales : ce sont, par exemple, la décision prise dans un grand nombre d'Etats de ne plus les convoquer qu'une année sur deux, et les précautions qu'on rencontre presque partout contre la corruption des parlementaires, contre le vote de lois incohérentes, contre la discussion hâtive.

Aujourd'hui, dans la grande majorité des Etats, les chambres ne se réunissent pas tous les ans et les lois votées par elles doivent suivre des formes prescrites. Il y a quelques années, on voyait figurer dans une même loi les articles les plus hétérogènes, réglementant chacun une affaire différente, réunis par suite d'une espèce de transaction entre les députés, patronant chacun leurs projets. Ces lois étaient absolument inextricables et incompréhensibles. Aujourd'hui, dans quelques Etats, une loi ne peut être faite que sur la présentation d'un bill qui suit la procédure habituelle, prévue et réglée pour l'étude et la discussion des projets. Les amendements à ce bill ne doivent pas changer son but originaire. Le bill ne peut s'appliquer qu'à un seul objet clairement exprimé dans son titre. Ailleurs, un bill ne peut plus être présenté après les cinquante premiers jours de la session, afin qu'on ait tout le temps de l'examiner et de le discuter. Certaines constitutions, dans le but d'empêcher la corruption, prennent des dispositions particulières contre les grandes compagnies de chemin de fer et industrielles. Elles protègent d'une façon spéciale la gestion des caisses des écoles.

Il n'est pas possible d'entrer ici dans de plus grands détails (¹) sur les réformes introduites par les constitutions locales dans l'organisation parlementaire, et sur les causes qui les ont provoquées. C'en est assez cependant pour montrer les dangers qui menacent les législatures d'Etats. Mais si le mal est aussi profond, si vraiment les plus grands abus se sont introduits, nécessitant des mesures énergiques, si le prestige moral des représentants locaux tend à baisser, n'est-ce pas une preuve que ces législatures sont entrées dans une période de décadence ? Et si elles tombent en décadence tandis que le Congrès fédéral, soutenu par le prestige du Sénat, reste ce qu'il était, n'est-il pas per-

(¹) Voir Carlier, *République américaine*, III, p. 216 s

mis de croire que l'époque n'est pas éloignée où l'autorité matérielle du pouvoir fédéral s'accroîtra considérablement sur les ruines des pouvoirs locaux ?

Cette conclusion est peut-être un peu hâtive.

Tout d'abord, elle est en contradiction avec les faits
les plus récents. Nous avons vu que la souveraineté
locale était plutôt dans une phase prospère. Elle re-
prend peu à peu les attributions qu'elle avait perdues
au milieu de ce siècle. Il n'y a donc pas de décadence,
à proprement parler. Il y a seulement un grand péril
pour les assemblées d'Etats, leur prestige est fortement
ébranlé.

Leur ruine est retardée par ce fait que les Américains sont fortement attachés à l'indépendance locale
et qu'ils cherchent, par tous les moyens, à défendre
leurs législatures contre l'abaissement du niveau moral
des députés. Les lois que nous venons de signaler et
qui répriment les abus, nous font connaître cet état
d'esprit. Si elles sont l'indice du mal, elles portent
avec elles la preuve qu'on tâche d'y remédier.

Les Américains ne renoncent pas aux législatures
d'Etats ; ils s'efforcent au contraire de les consolider,
de réparer les brèches que fait à leur autorité l'abus de
la démocratie.

D'autre part, ce qui raffermit la souveraineté locale
contre l'extension du pouvoir national, c'est le grand
prestige dont jouissent les gouverneurs. Il y a une tendance à augmenter leurs attributions et, spécialement,
à étendre leur droit de surveillance sur les assemblées
législatives ; on demande aujourd'hui pour eux le droit

de dissolution. De telle sorte que, si les législatures
périclitent, les pouvoirs des gouverneurs s'augmen-
tent. Les attributions ne font ainsi que changer de
mains dans l'intérieur de l'Etat, sans que la souveraineté locale elle-même soit diminuée.

CHAPITRE III

LE GOUVERNEMENT ET L'ADMINISTRATION

I. Extension du pouvoir exécutif pendant la guerre de sécession : Théorie
des pouvoirs de guerre du président, proclamation de l'émancipation
des esclaves, extension des pouvoirs du président en matière militaire,
conflit entre le pouvoir exécutif et le pouvoir législatif, prétentions de
Lincoln sur l'administration et la réorganisation des Etats révoltés,
diminution des pouvoirs du président après la fin de la guerre et l'assassinat de Lincoln.
II. Accroissement des fonctions administratives fédérales depuis la guerre
de sécession : Supervisors of elections, commission du commerce entre
les Etats.
III. Prestige comparé du pouvoir exécutif fédéral et du pouvoir exécutif
local.

I. Extension du pouvoir exécutif pendant la guerre de sécession

Nous avons vu, au chapitre précédent, que la guerre
de sécession et la victoire de l'Union avaient permis
au Congrès d'élargir son autorité. A la suite des grands
amendements constitutionnels, nous avons vu de simples lois porter atteinte à certaines attributions traditionnelles des souverainetés locales. Il ne faudrait pas
croire que l'extension des fonctions exécutives a été
en proportion directe de l'accroissement du pouvoir
législatif. En général, aux Etats-Unis comme dans
les autres nations civilisées, ainsi que le constate

M. Bryce ([1]), le pouvoir exécutif reste subordonné au
législatif. Le président n'agit pas en dehors d'un texte
qui motive son action. Pendant la guerre de rébellion,
cette règle n'a pas été suivie ; les attributions législatives se sont accrues, mais l'autorité du président n'a
pas eu de limites. La souveraineté des Etats a été
beaucoup plus violée par les actes personnels et arbitraires de Lincoln que par les actes du Congrès.

Le 4 mars 1861, alors que l'Union était fortement
ébranlée et que son avenir était incertain, Lincoln
disait, dans son discours d'inauguration : « Je considère que l'Union n'a pas été brisée et, dans la limite
de mes forces, je veillerai, ainsi que la Constitution
m'en impose le devoir, à ce que les lois fédérales soient
fidèlement exécutées dans tous les Etats ». Ces paroles
modestes ne faisaient pas prévoir l'attitude vigoureuse
du président au cours des hostilités. La puissante personnalité de Lincoln se révéla dès les premiers com-
bats. Six semaines après son élection, il répondit à
l'attaque du fort Sumter par les insurgés en appelant
75,000 hommes sous les armes et en convoquant le
Congrès.

Théorie des pouvoirs de guerre du président. — Il y
a aux Etats-Unis une doctrine assez ancienne, soutenue
devant la Chambre des représentants, le 26 mai 1836,
par John Quincy Adams. D'après cette doctrine, le
président serait investi de deux sortes de pouvoirs bien
distincts : le pouvoir de la paix et le pouvoir de la

([1]) Bryce, *The american commonwealth*, I, p. 288, 289 s.

guerre. Le second est aussi légitime que le premier.
Le pouvoir de la paix est contenu par les lois, les constitutions, les institutions; il est légal et régulier, partagé avec tous les grands corps de l'Etat et spécialement avec le Congrès. Le pouvoir de la guerre n'a de
limite que le droit des gens. En vertu de cette théorie,
le président, dont l'autorité est contenue de toutes
parts en temps ordinaire, devient à l'occasion un chef
absolu. Il n'est fait aucune restriction; non seulement
le jeu régulier du pouvoir législatif et de la fonction
judiciaire est suspendu, mais la souveraineté locale
elle-même disparaît complètement. En temps de guerre,
les Etats-Unis ne forment plus qu'un vaste Etat unitaire, le plus centralisé qui se puisse concevoir, où
toute autorité s'efface devant le pouvoir illimité du
président, chef suprême des armées de terre et de mer.
Toutes les forces de la vie nationale sont concentrées
vers ce but unique : repousser l'ennemi. Lincoln usa
pleinement de ses pouvoirs de guerre : c'est, de toute
l'histoire des Etats-Unis, la période pendant laquelle
la souveraineté locale a été le plus absorbée par l'autorité fédérale.

Lincoln, cependant, rencontra quelques résistances
de la part des grands corps fédéraux : les premières —
assez faibles — au début de la guerre, les secondes,
beaucoup plus fortes, après la défaite des insurgés.
Nous n'admettons pas comme légitimes les résistances
du début, parce que l'attitude autocratique du président, pendant les hostilités, était conforme aux traditions de l'exécutif américain ; nous blâmerons, au con-

traire, Lincoln de n'avoir pas su se démettre de ses pouvoirs de guerre dès que le Sud fut vaincu.

Quoi qu'il en soit, pendant quelques années, il fut tout puissant, et, ce qu'il convient de noter soigneusement, c'est qu'il étendit son autorité absolue sur les Etats fidèles comme sur les Etats révoltés.

C'est ainsi qu'il supprima partout le *writ d'habeas corpus*. Beaucoup contestèrent la légitimité de cette suppression, et la magistrature fédérale, elle-même, se rangea du côté des opposants. La Cour suprême, dont le chef était alors M. Tancy, décida que la suspension totale de l'*habeas corpus* était inconstitutionnelle. Le pouvoir exécutif triompha en fait de la magistrature, mais la question de droit resta en suspens jusqu'au jour où le Congrès régularisa, tout en la justifiant, la conduite du président (3 mars 1863). Lincoln avait eu raison, car certains Etats du Nord sympathisaient plus ou moins ouvertement avec les rebelles et méritaient d'être surveillés.

Il organisa aussi des commissions militaires dans quelques Etats fidèles, et, notamment, dans l'Indiana, pour juger les citoyens accusés de crimes politiques. La Cour suprême déclara ces commissions illégales, considérant qu'on ne pouvait défendre juridiquement leur existence sur des points qui n'avaient jamais été occupés par l'ennemi. Cependant, son arrêt ne fut rendu qu'en 1866, c'est-à-dire après la cessation des hostilités et, comme le dit M. de Chambrun ([1]), « s'il contenait

([1]) *Le pouvoir exécutif aux Etats-Unis*, p. 299.

des enseignements pour l'avenir, il ne pouvait avoir d'effet rétroactif ».

Proclamation de l'émancipation des esclaves. — La question des esclaves était, dans la première moitié de ce siècle, une de celles qui préoccupaient le plus vivement l'opinion publique, surtout dans les Etats du Sud. L'esclavage constituait un grand danger parce que le nombre des esclaves avait augmenté dans une énorme proportion. Dans la Caroline du Sud, en 1830, les noirs étaient en majorité : leur proportion à la population totale était de 55 p. 100. D'une manière générale, dans les Etats à esclaves, il y avait 3,960,814 blancs et 2,208,102 nègres. On prévoyait les plus grandes difficultés; on craignait, en maintenant les lois en vigueur, que les noirs en si grand nombre, privés de tous droits civils et politiques, voués à la servitude eux et leurs descendants, n'en vinssent un jour ou l'autre, poussés par l'exaspération, à la révolte et au massacre de leurs maîtres. On craignait, d'autre part, en accordant l'affranchissement en masse ou en le facilitant, de ruiner les blancs.

Au point de vue strictement économique, l'esclavage paraissait à beaucoup de bons esprits une très mauvaise institution. On remarquait que, dans les Etats à esclaves, l'agriculture était beaucoup moins prospère que dans les Etats où le travail était libre. Dans les premiers, la propriété était concentrée dans les mains de quelques hommes riches, et mollement cultivée par de grandes troupes d'esclaves. Dans les seconds, il y avait beaucoup de petits propriétaires

intéressés aux produits de leurs champs et tirant de la
terre le maximum de profit.

Le droit d'établir des lois sur la servitude avait toujours été, depuis l'Indépendance, l'apanage exclusif des
Etats; jamais l'Union n'était intervenue dans la question.
Dès l'année 1788, l'Etat de New-York avait pris des mesures contre l'esclavage, en prohibant la vente des
esclaves sur son territoire. En vertu de cette loi, leur
nombre ne pouvait plus s'augmenter par l'importation,
mais il pouvait s'accroître encore par suite des naissances
dans la population nègre. Onze ans après, une mesure
plus radicale est prise : une loi décide qu'à partir du
4 juillet 1799, tous les enfants qui naîtront de parents
esclaves seront libres. Cette règle équivalait, dans ses
conséquences à la suppression complète de l'esclavage,
mais elle ne le faisait disparaître que progressivement et
sans à-coup, les esclaves actuels restant dans leur
situation. Successivement, dans les trente premières
années du xixᵉ siècle, tous les Etats du Nord et de
l'Ouest abolissent l'esclavage chez eux.

Mais l'institution ne disparaît pas pour cela du con-
tinent américain, le nombre des esclaves ne diminue
même pas. Ils étaient autrefois disséminés sur toute
l'étendue du territoire américain, ils se concentrent
désormais sur quelques points. C'est à ce moment que
les noirs inondent, pour ainsi dire, les Etats du Sud et
que le danger se fait sentir pour eux de plus en plus
menaçant. Le Sud, en effet, avait toujours été le grand
centre d'importation des noirs, et il en fournissait à
tous les Etats-Unis ; cette importation ne se ralentit

pas avec la prohibition de la servitude dans les autres États.

Pourquoi le Sud ne prenait-il pas des mesures analogues? Il avait deux raisons pour maintenir l'esclavage.

En premier lieu, l'agriculture, dans le Sud, était considérée comme inaccessible aux Européens; on pensait que les noirs seuls pouvaient supporter le travail des champs sous la chaleur tropicale. Cette doctrine a-t-elle quelque fondement de vérité? Les blancs peuvent-ils, oui ou non, travailler la terre dans les États du Sud? La question a été discutée et défendue dans les deux sens; il ne nous appartient pas de l'examiner ici. Nous devons seulement constater que la croyance à l'incapacité des blancs pour la culture des territoires méridionaux était générale à cette époque, et contribuait pour la plus large part au maintien de l'esclavage.

Une autre raison était que chacun des États du Sud ne pouvait pas abolir l'esclavage sur son territoire par une mesure isolée, sans se mettre dans une situation d'infériorité vis-à-vis de ses rivaux. L'agriculture, qui était la principale ressource économique de ces États, étant organisée sur la base du travail des esclaves, on ne pouvait changer brusquement les habitudes de culture, sans y apporter la perturbation. Il aurait fallu que tous les États consentissent en même temps à l'abolition de l'esclavage; mais il était bien difficile de trouver, dans une matière aussi importante, un terrain de conciliation. D'autre part, nous savons qu'une loi générale d'émancipation ne rentrait pas dans les attributions constitutionnelles du gouvernement national.

Cependant, John Quincy Adams avait dit, en 1836, qu'en temps de guerre, le Congrès pouvait intervenir dans la question des esclaves. En 1842, il alla plus loin et dit que le président, *et même le commandant en chef de l'armée*, ont le pouvoir d'ordonner l'émancipation universelle des esclaves. Cette doctrine était loin de rallier la majorité des esprits ; pour la plupart, elle constituait un empiètement sur la souveraineté locale qui seule avait compétence pour réglementer l'esclavage. La crise des Etats du Sud se prolongea ainsi jusqu'à la guerre de sécession.

Lincoln appliqua les principes d'Adams. Par deux proclamations, l'une du 22 septembre 1862, l'autre du 1er janvier 1863, il prononça l'émancipation des esclaves.

La première de ces proclamations est conçue en ces termes : « Moi, Abraham Lincoln, président des Etats-Unis d'Amérique et commandant en chef de leurs armées et de leur marine..., je déclare qu'à partir du 1er janvier 1863, toutes les personnes tenues en esclavage dans l'un des Etats en insurrection contre les Etats-Unis, seront désormais considérées comme libres ».

La proclamation du 1er janvier 1863 confirma la précédente.

Le Congrès avait pris, au printemps de 1862, quelques mesures dans le même sens, mais le grand coup fut porté par le président. C'est à lui qu'on doit la solution du grave problème esclavagiste ; il le trancha seul, en vertu de ses pouvoirs de guerre.

Extension des pouvoirs du président en matière militaire. — Le Congrès contribua au développement du pouvoir exécutif, en mettant entre les mains du président une grande et forte armée. Plus tard, nous le verrons, il devait se repentir d'avoir trop renforcé la puissance de Lincoln.

Avant la guerre, l'armée, dont le président est le chef suprême, se composait de deux éléments bien distincts : l'armée fédérale, levée, équipée, entretenue par l'Union ; la milice levée et équipée par les Etats, sous la surveillance de l'Union. La Constitution dit en effet (art. I, sect. 8, § 15 et 16) : « Le Congrès pourvoira à ce que la milice soit convoquée pour exécuter les lois de l'Union, pour réprimer les insurrections et repousser les invasions. — Le Congrès pourvoira à ce que la milice soit organisée, armée et disciplinée, et disposera de la partie qui peut se trouver employée au service des Etats-Unis, en laissant aux Etats respectifs la nomination des officiers et l'autorité nécessaire pour dresser les miliciens d'après les règles de discipline prescrites par le Congrès ».

L'armée fédérale ne se composait que d'engagés volontaires ; la milice était laissée à l'initiative des Etats [1]. Telles qu'elles étaient au commencement des hostilités, elles pouvaient être considérées comme une force importante, mais elles ne suffisaient pas pour assurer la victoire au gouvernement national.

Un acte du Congrès du 3 mars 1863 organisa le tirage

[1] De Chambrun, *Le pouvoir exécutif aux Etats-Unis*, p. 299.

au sort, ou conscription, pour le recrutement de l'une et
de l'autre. C'était la première fois que le Congrès ten-
tait d'organiser une grande armée sans l'intervention
des Etats. Cet acte rencontra une vive résistance. Les
Etats soutinrent qu'il était illégal, parce que la Constitution leur laissait l'enrôlement de la milice, réservant
son organisation au pouvoir central. Les Etats de l'Est
et New-York se firent remarquer par la violence de
leurs récriminations, et il fallut la force pour les faire
obéir.

Carlier se prononce contre la constitutionnalité de
cet acte, mais je crois qu'il ne fait pas assez attention à
une disposition très élastique de la Constitution et qui
suffit, à mon avis, pour légitimer légalement l'institution du tirage au sort : « Le Congrès pourra établir des
règles pour l'administration et l'organisation des forces
de terre et de mer » ([1]). Ce texte ne spécifie nullement
jusqu'où peut aller l'*organisation;* la largeur de ses
termes se prête aisément à toutes les interprétations.

Quoi qu'il en soit, les résistances que rencontra la
loi de 1863 s'expliquent par ce fait qu'elle violait, sans
préparation aucune, une habitude invétérée des Etats.
Pour tempérer les rigueurs de la conscription, on eut
recours au remplacement, fixé à 300 dollars par tête.

Ce même acte enrôle les étrangers qui avaient fait
leur déclaration d'intention en vue de la naturalisation,
pourvu qu'ils aient fait acte de citoyen. Les intéressés
tentèrent de s'opposer à l'exécution de cette clause en

([1]) Art. I, sect. 8, § 15.

disant qu'ils pouvaient encore ne pas être admis dans l'Union. Les partisans de la loi leur répondirent qu'ayant fait acte de citoyens, ils devaient en supporter toutes les charges.

Afin de faire cesser les nombreuses difficultés auxquelles donnaient lieu d'incessantes réclamations, le président des Etats-Unis, dépassant les dispositions du Congrès, décida, de sa propre autorité, le 8 mai 1863, que la conscription atteindrait tous les étrangers ayant fait ou non acte de citoyens, à moins que, dans les soixante-cinq jours, ils ne préférassent quitter le pays. C'est ce que firent bon nombre d'entre eux. Ils quittèrent des établissements prospères plutôt que de consentir à combattre.

Grâce à la loi de 1863, on draina si bien tous les hommes valides que, la guerre terminée, on eut beaucoup de peine à faire reprendre à la population des habitudes laborieuses. Mais c'est aussi à cette loi qui seconda l'énergie du président Lincoln, que l'Union doit son existence. La puissance de Lincoln s'accrut tellement pendant la durée des hostilités, grâce à cette armée qu'il avait tout entière sous ses ordres et qui appuyait tous les actes de son autorité, qu'il surgit après la guerre des difficultés auxquelles on n'avait pas songé. Un véritable conflit éclata entre les deux grands pouvoirs fédéraux : le Congrès et le Président.

Conflit entre le pouvoir exécutif et le pouvoir législatif. Prétentions de Lincoln sur l'administration et la réorganisation des Etats révoltés. — Ce conflit, en compromettant l'équilibre des grands pouvoirs fédéraux, compromit l'équilibre constitutionnel entre la souveraineté fédérale et la souveraineté locale.

Le conflit était grave non seulement pour l'existence même de la Constitution, mais surtout pour l'institution fédérative. Lincoln, en voulant jouer après la défaite des insurgés le rôle d'un dictateur, ne tendait à rien moins qu'à détruire la souveraineté des Etats. Etait-ce véritablement son but, ou n'agissait-il qu'avec une entière bonne foi, croyant sincèrement rester dans ses attributions légales? La question a été discutée (¹). Nous n'essaierons pas de la résoudre ici, car les intentions secrètes de Lincoln importent peu à la constatation matérielle des faits qui seule nous intéresse. Ce qu'il y a de sûr, c'est que son attitude s'éloigne singulièrement de celle de Washington, refusant d'abord la couronne royale, puis respectant scrupuleusement, pendant sa présidence, la Constitution qui, cependant, n'avait pas encore fait ses preuves, et cédant enfin, de son plein gré, sa place à un successeur. Que les intentions de Lincoln aient été pures ou non, il est certain qu'en conservant ses pouvoirs de guerre après la fin des hostilités, il est sorti du rôle traditionnel des présidents américains, et qu'il a abusé, en fait, de son prestige moral et de son autorité matérielle. Ce pouvoir absolu, reconnu au chef du pouvoir exécutif, qui lui permet de suspendre l'autorité du Congrès et la souveraineté locale, s'explique pendant la guerre, alors que tout intérêt fait place à la nécessité de repousser l'en-

(¹) V. Chambrun, *Le pouvoir exécutif aux Etats-Unis*, p. 305 s.

nemi, mais il doit cesser immédiatement dès que cesse le danger. Sans cela, la fédération ne serait plus qu'un mot vide de sens, puisqu'il appartiendrait au président de la remplacer en fait, dès qu'il le jugerait à propos, par l'unification.

Et même si ces pouvoirs de guerre n'avaient pas pour effet de détruire momentanément la souveraineté des Etats, s'ils n'avaient d'autre but que de suspendre les prérogatives du Congrès pour les faire passer aux mains du président, alors même il serait dangereux pour l'institution fédérative de les laisser exercer au delà du temps strictement nécessaire.

L'intégrité des Etats est, en effet, assurée par le jeu normal et régulier de la Constitution. Si la Constitution fait défaut sur un seul de ses points, tout l'édifice fédéral est ébranlé. Si le président peut légiférer par-dessus la Chambre basse, chargée de représenter toutes les tendances du peuple et de trouver, par la discussion, des combinaisons de nature à satisfaire tous les intérêts, s'il peut ne pas entendre les sénateurs qui représentent tout spécialement la souveraineté locale, s'il peut remplacer les Cours, juges de tous les conflits politiques et privés par des commissions militaires, il n'y a plus aucune sécurité pour les Etats, dont les prérogatives souveraines sont laissées à l'arbitraire d'un seul.

C'est ce que Lincoln n'a pas compris, ou, du moins, il a agi comme s'il ne le comprenait pas.

Le moment où les prérogatives locales ont été le plus amoindries ou le plus menacées, ce n'est donc pas après le vote des grands amendements constitutionnels, ce n'est pas après la loi sur les élections des sénateurs, c'est pendant les quelques mois qui se sont écoulés depuis le jour où toutes les chances d'émancipation pour les Etats du Sud se sont évanouies, par suite de leurs défaites successives, jusqu'à l'assassinat de Lincoln.

Partant de cette idée que le commandant des forces armées a tout pouvoir sur les pays conquis, le président voulut réorganiser complètement, et à lui seul, les Etats du Sud. Le Congrès qui lui avait laissé la plus large liberté pendant la durée des hostilités, voulut imposer des limites à ses prétentions. La lutte commença par le message en date du 8 décembre 1863, dans lequel Lincoln communiquait au Congrès le texte d'un projet destiné à préparer la rentrée des Etats du Sud dans l'Union.

Tout homme qui prêterait serment à la Constitution, suivant une formule donnée, deviendrait citoyen de l'Union : « Si un dixième des personnes qui ont pris part à l'élection présidentielle de 1860, après avoir prêté ce serment, rétablissent un gouvernement d'Etat dont la forme soit républicaine, celui-ci sera reconnu par le gouvernement fédéral ».

Lincoln ne paraissait pas douter de ses pouvoirs. Le Congrès, pour bien établir ses prétentions rivales, nomma un comité chargé d'examiner la question de réorganisation, à la tête duquel il mit Henry Winter Davis, adversaire de Lincoln. En outre, la Chambre protesta publiquement contre ce qu'elle qualifiait une

usurpation de pouvoirs. Lincoln, de son côté en appela au peuple.

Au mois de décembre de l'année suivante (1864), les chambres se réunissent. Le président veut imposer l'acceptation immédiate, en leur sein, des représentants et sénateurs élus par la Louisiane. L'opposition fit traîner les choses en longueur. En 1865, Lincoln fut assassiné ; le vice-président Johnson lui succéda.

Diminution des pouvoirs du président après la fin de la guerre et l'assassinat de Lincoln. — Avec Lincoln disparut le grand danger qu'avait couru l'indépendance locale. Le Congrès cependant voulut empêcher le retour de ces difficultés. Nous avons vu qu'il avait lui-même, par ses lois militaires, concouru à la puissance du pouvoir exécutif. C'est par sa qualité de généralissime que le président avait dominé toutes les autorités de l'Union pendant la guerre civile ; c'est en partageant, en quelque sorte, son grade, que le Congrès résolut de l'affaiblir.

La mesure votée par les Chambres fut inconstitutionnelle, mais je crois qu'elle fut salutaire à son heure. Il fallait, dans l'intérêt même de la Constitution, diminuer l'étendue du pouvoir exécutif.

A l'époque de la guerre de sécession, le plus haut grade de l'armée était celui de major général. En 1864, on avait fait revivre l'ancien grade de lieutenant général ; il devait commander l'armée sous l'autorité du président et pour tout le temps qu'il plairait à celui-ci. Le 25 juillet 1866, on créa pour Grant le grade de général, et on donna celui de lieutenant-général à Lherman.

Le dessein de paralyser le pouvoir exécutif n'était pas dissimulé. En effet, la section 11 d'un acte du Congrès du 2 mars 1867 s'exprimait en ces termes : « Le quartier général du général de l'armée des Etats-Unis sera établi dans la cité de Washington, et tous les ordres, toutes les instructions relatifs aux opérations militaires donnés par le président ou par le secrétaire de la guerre seront expédiés par l'intermédiaire du général de l'armée, et, à défaut de celui-ci, par l'officier général venant après lui. Le général de l'armée ne *sera ni révoqué, ni suspendu, ni relevé de son commandement, ni affecté à une autre résidence qu'au lieu de son quartier général, à moins que ce ne soit sur sa demande, et si ce n'est de l'assentiment du Sénat*. Dans le cas où des ordres viendraient à être donnés contraires à ces prescriptions, ils seraient considérés comme nuls, et l'officier qui s'y serait prêté deviendrait coupable de manquement à son devoir, et passible, à ce titre, d'un emprisonnement d'une durée qui ne serait, ni moindre de deux ans, ni supérieure à vingt années consécutives à prononcer par une cour compétente ».

Le général, ne pouvant être ni *révoqué* ni *suspendu*, devenait, à certains égards, indépendant du président. Il est vrai qu'il ne pouvait se refuser à exécuter ses ordres sans être traduit devant une cour martiale.

La lutte entre le pouvoir législatif et le pouvoir exécutif se termina par l'écrasement de ce dernier : Johnson fut mis en *impeachment* et ne dut son salut qu'à la majorité d'une voix.

Grâce à la victoire du Congrès, les prétentions loca-

les ont pu se faire entendre dans toutes les questions
de réforme ; dans le sein même du gouvernement
national, à côté des tendances les plus centralisatrices,
les tendances contraires étaient représentées. Cette victoire du Congrès a été la première phase du relèvement
des souverainetés locales.

Je crois que l'institution du haut commandement,
dont je me suis efforcé de faire ressortir l'opportunité,
n'était pas viable. Elle était en contradiction avec la
section 2 de l'art. II de la Constitution, et elle ne
répondait pas à une utilité permanente. C'était seulement une arme de combat. Une fois que les prétentions
exagérées du pouvoir exécutif et que les dangers de la
dictature étaient écartés, il était évident que cette mesure devait être rapportée ou devait disparaître d'elle-
même. Si on l'avait maintenue rigoureusement, on aurait
fait naître d'incessantes difficultés entre le général et
le président.

Cette institution tomba en désuétude ; après la guerre
les cadres furent diminués, le grade de général fut conservé, mais perdit peu à peu de son autorité effective,
et devint surtout honorifique. Un acte du Congrès du
1er juin 1888 donna à Sheridan les deux fonctions de
général et de lieutenant-général, et décida qu'à sa mort
elles devaient disparaître.

Ainsi s'effacent progressivement les traces de la
guerre de sécession, à mesure que se rétablit l'équilibre
des souverainetés.

II. Accroissement des fonctions administratives depuis la guerre de sécession

On a dit qu'un citoyen des Etats-Unis pouvait vivre pendant de longues années sans avoir de rapports avec aucun fonctionnaire de l'Union, sauf les employés des postes. C'est qu'en effet le personnel de l'administration locale est de beaucoup le plus nombreux, et ses rapports avec les particuliers sont de beaucoup les plus fréquents.

Cependant les fonctions fédérales ont paru s'accroître au cours de ces dernières années. La principale création est celle des « Supervisors of elections », qui ont été organisés précisément pour être en contact journalier avec les individus. Vient ensuite la Commission du commerce entre les Etats, qui est placée plus haut, mais qui joue un rôle très important dans les conflits de souveraineté amenés par la question des chemins de fer.

Supervisors of elections. — Nous savons qu'après la guerre, le droit de vote avait été accordé aux noirs par les 14e et 15e amendements constitutionnels. Afin d'assurer l'exécution de ces grandes réformes, le Congrès vota, le 26 février 1871 et le 10 juin 1872, deux actes très importants.

Deux citoyens dans une cité ou une *town* de 20,000 habitants et plus, ou dix citoyens dans un comté ou une paroisse, pouvaient présenter une requête à la Cour de circuit compétente des Etats-Unis, pour qu'il fût tenu registre des citoyens actifs ou, à défaut de registre, pour que l'élection fût surveillée. Le juge, dix jours avant toute inscription au registre, ou avant l'élection quand il n'y avait pas de registre, ouvrait une session spéciale pour les matières électorales ; cette session durait jusqu'au lendemain de l'élection. Puis il nommait dans chaque district deux *supervisors* ou commissaires surveillants. C'étaient deux citoyens habitant le district, sachant lire et écrire l'anglais. Ils étaient nommés sur la présentation du *chief supervisor*. Ce n'étaient pas de simples assistants. Ils concouraient à former les listes, assuraient leur régularité, veillaient à toutes les opérations de l'élection, protestaient contre les admissions ou les expulsions arbitraires. Ils devaient surveiller très étroitement les urnes et les bulletins, les procès-verbaux d'élections, le dépouillement, et ils adressaient au *chief supervisor* un rapport sur tous les faits de l'élection. S'ils étaient l'objet d'actes de violence ou de manœuvres dolosives, ils en informaient le *chief supervisor*. Une instruction était ouverte par la Cour de circuit ; on entendait les dépositions des témoins sous la foi du serment, puis les pièces étaient déposées à la Chambre des représentants.

Sur la demande de deux citoyens résidents d'une cité ou d'une town de 20,000 habitants et plus, le *marshall* du district nommait deux auxiliaires qui devaient prêter main-forte aux supervisors pour l'exercice de leurs fonctions. Ils l'assistaient toutes les fois que le besoin s'en faisait sentir. La loi prévoyait le cas où une faute était commise par un citoyen. Si c'était en présence d'un ou plusieurs des *marshalls,* il était mis en prison et on statuait ultérieurement : c'était une procédure de flagrant délit. Si la faute était commise en dehors d'eux, le délinquant était amené à la Cour de circuit des Etats-Unis, qui statuait d'après le droit des Etats-Unis. En cas de violence, on requérait la force locale et les personnes présentes.

La loi du 28 février 1871 instituait des *chief supervisors* nommés par la Cour de circuit des Etats-Unis dans chaque circuit. Ils surveillaient les supervisors et les marshalls et recevaient leurs rapports.

Pour adoucir les effets de cette loi, la loi du 10 juin 1892 ordonna que les supervisors devaient être résidents.

Par ces actes du Congrès, les fonctionnaires de l'Union acquéraient le droit de surveillance sur les élections, dont la police était, jusqu'alors, réservée aux autorités locales. Mais, en fait, l'intervention fédérale ne s'arrêtait pas là. Comme les élections locales avaient lieu en même temps que les élections fédérales, elles étaient surveillées par les mêmes fonctionnaires.

Ces mesures ont introduit les listes électorales un peu partout. Par réaction, New-York ne les admet que lorsque les élections ont pour but le gouvernement fédéral.

Ces lois restreignaient considérablement l'indépendance des Etats. C'était en réalité la main-mise de l'Union sur leur souveraineté. Ils supportaient impatiemment, surtout dans le Sud, l'immixtion des agents fédéraux, et la violation de leurs plus anciennes immunités. On s'aperçut assez vite que ces lois, votées au profit des électeurs nègres, avaient introduit dans le gouvernement fédéral, comme dans le gouvernement local, des éléments nuisibles.

Un acte du Congrès du 8 février 1894 supprima les « supervisors of elections » et les « special deputy marshalls ».

En vertu de cette abolition, les Etats recouvrent la surveillance des élections ; c'est un retour au passé. La souveraineté locale, lentement et pacifiquement, force ainsi le gouvernement central à abandonner ses conquêtes.

Commission du commerce entre les Etats. — Afin d'assurer l'exécution de la loi de 1887 (Interstate commerce act), une commission de cinq membres a été créée pour surveiller les chemins de fer. Ici encore nous allons constater l'échec des tendances centralisatrices de l'Union.

Des commissions de ce genre existaient déjà dans les Etats où prévalent deux systèmes principaux : le *compulsory system* et l'*advisory system.*

Le premier est pratiqué dans l'Ouest et surtout dans l'Illynois. La commission peut obliger les compagnies à certains tarifs, elle peut leur imposer tels travaux ou telles dépenses, elle les poursuit elle-même. L'usage exagéré et maladroit de cette autorité a causé de grandes difficultés ; la commission de Géorgie a les mêmes pouvoirs, mais elle en use avec plus de modération.

Le second système est appliqué dans l'Est et surtout dans le Massachussetts. La commission veille au maintien des statuts, donne avis à la compagnie des perfectionnements à apporter, des réductions de tarifs qui lui paraissent possibles ; elle entend les plaintes des particuliers et des municipalités, formule leurs griefs, recommande telle ou telle mesure, vérifie les registres et la comptabilité, publie la situation financière, est avisée de tout accident.

La commission du commerce entre les Etats est organisée sur les bases de l'*advisory system*. Cependant, elle n'a pas été très bien accueillie, son crédit tend plutôt à baisser. Elle reçoit les plaintes formulées contre les violations de la loi de 1887 ; elle les examine, puis elle communique sa décision aux compagnies de chemin de fer.

Celles-ci résistent à la nouvelle loi ; elles ont pris l'habitude de porter l'affaire devant les cours de justice qui s'arrogent le droit de statuer sur le fond. Les rapports que la commission adresse aux juges sont souvent infirmés, et elle en arrive à demander que sa décision ait au moins autant d'autorité que les rapports d'experts (*reports of masters in chancery*). La création de « l'interstate commerce commission » a été une œuvre de centralisation administrative, mais elle ne paraît pas devoir se maintenir longtemps, au moins sous sa forme actuelle. Elle a une simple autorité consultative. Il faudra la renforcer ou bien la supprimer, et laisser alors à la magistrature fédérale pleine et entière compétence pour l'application de l'*interstate commerce act*.

Cependant la commission a fait preuve, jusqu'à présent, de la plus grande modération ; elle s'est montrée particulièrement circonspecte toutes les fois qu'il s'est

agi des prérogatives souveraines ou de l'intérêt économique des Etats. Elle préfère tourner la loi que d'appliquer une mesure nuisible au commerce local. C'est
grâce à elle que les tarifs différentiels, dont nous avons
reconnu la nécessité sur quelques points, subsistent
encore dans les pays jeunes. Elle se propose seulement
d'employer son autorité à les faire disparaître progressivement et sans hâte, à mesure que les conditions commerciales de chaque région pourront le permettre.

Nous pouvons donc, encore une fois, constater l'échec
des tendances centralisatrices.

III. Prestige comparé du pouvoir exécutif fédéral et du pouvoir exécutif local

Si maintenant, partant de la même idée qui nous a
fait, au chapitre précédent, comparer le prestige du
Congrès et des législatures d'Etats, nous cherchons à
savoir si l'influence morale du pouvoir fédéral tend à
s'accroître ou à diminuer par rapport à l'autorité locale,
nous verrons qu'à ce point de vue encore aucune tendance centralisatrice ne s'est, jusqu'à ce jour, nettement
manifestée.

Le chef du pouvoir exécutif fédéral, le président
des Etats-Unis jouit d'un prestige considérable. Ses
attributions sont très étendues : il est le chef des armées
et de la marine, il a le droit de veto sur tous les actes
de la législature, il nomme aux emplois, il dirige la
diplomatie avec l'aide du Sénat. Son élection captive
l'attention publique, car de cette élection dépend l'orien-

tation de la politique nationale pendant les quatre ans
de la présidence.

En face de lui, nous trouvons, dans les Etats, le gouverneur. Les pouvoirs de ce dernier sont fort étendus.
Pendant la période coloniale, les gouverneurs reçurent
des rois d'Angleterre « le droit de proroger, d'ajourner,
de dissoudre les assemblées coloniales ; de pardonner
les crimes ou délits ; d'exercer le commandement en chef
des forces publiques ; de siéger dans les plus hautes cours
d'appel ; de remplir les fonctions de vice-amiral ; d'accorder des commissions ou brevets aux navires armés
pour la course. On voyait ces prérogatives royales et
d'autres encore exercées sans soulever d'objections » (¹).

Les gouverneurs des Etats ont recueilli la succession
des gouverneurs royaux. Ils nomment les fonctionnaires ; cette prérogative a, il est vrai, disparu dans beaucoup d'Etats, par suite de la grande extension du système de l'élection ; nombre de gouverneurs ont le droit
de grâce. Ils commandent la milice et les armées, sauf
en temps de guerre. Ils contrôlent les fonctionnaires et
particulièrement les comptables des deniers publics.
Ils ont le droit de veto dans beaucoup d'Etats. Dans
une période de crise ou d'épidémie, ou pour parer à un
danger pressant, ils peuvent déplacer le siège du gouvernement, mais ils doivent choisir un lieu aussi rap-
proché que possible de la capitale. Loin de voir leurs
pouvoirs diminuer à l'heure actuelle, les gouverneurs
les voient plutôt s'augmenter par suite de la dépopulari-

(¹) Story, *Constitutions*, vol. 1, p. 138.

sation des législatures locales. Dans quelques Etats, ils ont reçu le pouvoir de dissoudre les Chambres. Beaucoup d'Etats n'ont de législature que tous les deux ans, préférant s'en remettre à la sagesse des gouverneurs.

Le prestige de ces derniers est donc très grand; leur institution, loin d'être en décadence, est au contraire en pleine vigueur. De même que le président des Etats-Unis est un rouage très important de la souveraineté fédérale, les gouverneurs jouent un rôle considérable dans la direction des affaires locales. Il y a équilibre d'influence entre les deux pouvoirs exécutifs. Ce n'est donc pas de ce côté qu'il faut chercher une extension de l'autorité fédérale.

Si, laissant le président et les gouverneurs, nous comparons le corps des fonctionnaires de l'ordre administratif dans le gouvernement fédéral et dans les Etats, nous pourrons critiquer de part et d'autre des vices d'organisation très apparents. La conséquence de ces défauts est qu'aucune des deux souverainetés rivales ne peut profiter du discrédit où tombe l'administration de l'autre.

Le grand vice de l'administration locale est l'exagé-ration du système de l'élection. Presque toutes les places, dans la grande majorité des Etats, sont acquises par la voie du suffrage universel. Il en résulte des luttes électorales sans cesse renouvelées qui lassent les gens occupés, et des fraudes qui tendent à écarter les citoyens honnêtes à la fois des scrutins de vote et des emplois publics. C'est l'abus de la démocratie. Les fonctionnaires n'ont pas la dignité et le prestige dont ils devraient être revêtus, car ils peuvent être fréquemment soupçonnés de manœuvres électorales plus ou moins scrupuleuses; ils n'ont pas non plus toute la compétence désirable, car ils ne restent qu'un nombre limité d'années en fonctions.

Il y a là un péril signalé depuis longtemps et commenté sévèrement par de nombreux auteurs. Je crois qu'il constituerait un danger pressant pour l'indépendance locale, si, en face des inconvénients de l'élection pour les administrations d'Etats, nous ne trouvions ceux du « Spoils system » pour l'administration fédérale.

Le Spoils system a pris naissance en 1828. Au moment où le président Jackson arriva au pouvoir, il révoqua tous les fonctionnaires hostiles à sa politique, pour mettre à leur place des hommes de son parti. En 1832, un sénateur de l'Etat de New-York prononça ces paroles légendaires : « *To the victor belong the spoils* » [1]. Depuis cette époque, à chaque nouveau président, les fonctionnaires sont entièrement renouvelés; on ne s'occupe pas toujours de la capacité, de l'expérience et de l'intégrité des candidats. Le principal titre pour obtenir un emploi est d'appartenir au parti dominant [2]. Ce système est tellement entré dans les mœurs que les présidents successifs sont moralement tenus de s'y conformer. Un président qui arriverait aux affaires sans récompenser ses partisans, c'est-à-dire sans les nommer aux emplois, en révoquant ceux qui y sont déjà, se ferait aussitôt d'innombrables ennemis, non seulement

[1] Au vainqueur les dépouilles.
[2] Dupriez, *Les Ministres*, II, p. 128 s.

dans la masse des solliciteurs, mais encore dans le Congrès. Il deviendrait impopulaire; il se rendrait hostiles tous ses partisans sans s'attacher ses adversaires. Lors même qu'un parti reste au pouvoir sous deux présidents successifs, le personnel administratif est fortement bouleversé. Il paraîtrait injuste que les emplois restassent trop longtemps entre les mêmes mains; ceux qui les détiennent doivent céder la place aux autres.

Ce système est universellement blâmé, sauf par ceux qui y ont un intérêt personnel. Il n'y a pas aux Etats-Unis « un corps administratif fortement organisé, expérimenté, renfermé dans sa mission exécutive, soumis à une discipline fixe, et trouvant dans cette discipline même et dans son expérience la force d'une certaine indépendance. Il n'y a pas d'administrateurs de carrière; on n'y rencontre pas de ces fonctionnaires qui, après avoir débuté par les degrés inférieurs de l'administration, s'élèvent peu à peu jusqu'aux premiers rangs, grâce à leurs capacités et aux services rendus à la chose publique » ([1]).

Ce que M. Dupriez dit ici de l'administration fédérale, est vrai de l'administration locale. Toutes les deux auraient besoin de profondes réformes. On a bien essayé tout récemment quelques réformes dans l'administration fédérale, mais il faut attendre quelques années encore pour voir si elles résistent aux mœurs politiques et aux intérêts des partis, et si elles produisent tous les résultats qu'on en attend. Le président

---

([1]) Dupriez, *Les Ministres*, II, p. 131.

Cleveland, par décret en date du 6 mai 1896, a décidé
que la nomination de tous les fonctionnaires aurait
lieu au concours depuis le simple homme de peine jusqu'aux plus hauts fonctionnaires. Cela fait 86,000 places données au concours (¹).

Je n'ai voulu entrer dans aucun détail à propos des
présidents et des gouverneurs, ou à propos des administrations. Je ne me suis pas proposé d'étudier le
fonctionnement de ces rouages politiques. J'ai voulu
seulement, après avoir montré que l'exécutif fédéral,
fortement accru pendant la guerre de sécession, avait
perdu dans la suite tout le terrain qu'il avait conquis,
après avoir montré que les *supervisors of elections*
avaient disparu, et que la commission du commerce
entre les Etats, instituée par le gouvernement fédéral,
respectait scrupuleusement l'intégrité des souverainetés
locales, prouver que le prestige moral des institutions
exécutives fédérales n'était pas en voie de s'accroître
au détriment des institutions d'Etats, qu'à la puissance
du président correspondait la vitalité des anciens gouverneurs, et qu'aux défauts du *spoils system* corres-
pondaient les vices de l'élection.

Je crois donc qu'au point de vue de l'autorité du
pouvoir exécutif, l'équilibre, un instant rompu pendant
la guerre de sécession, entre la souveraineté fédérale et
la souveraineté locale, est aujourd'hui complètement
rétabli.

(¹) W. A. Dunning, *Revue Fournier*, correspondance, 1896, X, p. 453 et
454.

CHAPITRE IV

LA JUSTICE

I. Organisation judiciaire

Il ne faudrait pas croire que les cours fédérales sont
des juridictions supérieures aux cours d'Etat, et qu'on
peut en appeler d'une décision de la Cour suprême
locale à la Cour inférieure des Etats-Unis. Les deux
ordres de juridiction ont des domaines distincts. Res-
sortissent aux cours fédérales toutes les questions pré-
sentant un intérêt général, ou considérées comme telles
parce qu'elles ont été prévues par une loi fédérale.
Sont dans ce cas toutes les questions se rattachant
directement à la diplomatie, à la marine, à l'armée, au
commerce extérieur; toutes les contestations dans lesquelles les Etats-Unis, des Etats différents ou des
citoyens de plusieurs Etats, se trouvent impliqués;
tous les procès nés sous l'empire des lois du Congrès.
C'est la section 2 de l'article III de la constitution qui
fait elle-même cette énumération. Tout ce qui n'est pas

prévu par ce texte, — et le champ qu'il laisse en dehors de lui est immense, — est de la compétence locale. Les juridictions d'État sont les juridictions de droit commun.

Magistrature fédérale. — Le mot cour, en langue anglaise *court,* a une signification beaucoup plus étendue aux États-Unis qu'en France. Chez nous, on s'en sert seulement pour désigner les juridictions du degré supérieur; on s'en sert en Amérique pour toutes sortes de tribunaux. Dans l'Union, comme dans les États, nous trouvons des cours composées d'un seul magistrat : Cours de district, de comté, de « probate », de juges de paix. Nous reviendrons plus loin sur leur organisation.

Au sommet de la magistrature, nous trouvons la Cour suprême fédérale, créée par le Congrès en 1789, en vertu des pouvoirs que lui conférait la section 1re de l'article III de la Constitution : « Le pouvoir judiciaire des États-Unis sera confié à une Cour suprême et aux autres cours inférieures que le Congrès peut, de temps à autres, former et établir ». Ce texte donnait au Congrès un pouvoir illimité pour l'établissement de la magistrature et pour les réformes ou les modifications à y introduire dans la suite. Il ne fixait ni le nombre, ni la composition des cours inférieures; il laissait au législateur la plus grande liberté d'appréciation. Il y avait, théoriquement du moins, un inconvénient à cette disposition. En laissant l'organisation de la magistrature à l'initiative du législateur, elle subordonnait la première au second. Puisque la constitution ne réglait pas la magistrature, proclamant seulement sa nécessité, et se bornant à en tracer les grandes lignes, la magistrature ne tenait plus ses pouvoirs d'une autorité aussi haute que le Congrès, elle n'était plus l'égale du Congrès; elle était au contraire dans les mains de ce dernier, qui pouvait, à tout instant, briser ses résistances en la modifiant. La suite du texte atténue ces graves inconvénients, dans une certaine mesure, sans les faire disparaître : elle établit en termes non équivoques le grand principe de l'inamovibilité : « Les juges, tant de la Cour suprême que des cours inférieures, garderont leurs fonctions tant qu'ils ne démériteront pas, et ils recevront pour leurs services, à des époques fixées, une indemnité qui ne pourra pas être réduite pendant la durée de leurs fonctions ».

Les magistrats de l'Union sont donc sûrs, tant qu'ils ne commettront pas un crime, un délit ou une de ces fautes contre l'honneur qui légitiment toutes les répressions, de garder, quelle que soit l'énergie de leur attitude, leurs pouvoirs et leur traitement « *till good behaviour* ».

Se fondant sur ce texte, l'acte judiciaire organique de 1789 établit une Cour suprême composée d'un président (chief justice) et de cinq juges (associate justice). On créa treize districts judiciaires, — un par Etat; — dans chacun on plaça un juge. Puis le territoire de l'Union fut partagé en trois circuits. Deux juges de la Cour suprême désignés pour remplir ces fonctions formaient la cour de circuit; ils allaient siéger successivement dans chaque district, où ils étaient assistés du juge.

Le système s'est perpétué jusqu'à nos jours sans changements essentiels. A mesure que le territoire et la population de l'Union s'accroissaient, diverses dispositions législatives modifiaient sur quelques points les règles primitives. Le dernier acte important relatif à la magistrature est celui de 1869 ([1]), rendu sous la présidence du général Grant.

Aujourd'hui, la Cour suprême se compose du *Chief justice* et de huit magistrats ; le nombre des circuits a été successivement porté à neuf ; l'acte de 1869 a créé neuf juges spéciaux pour la juridiction des circuits, mais sans dispenser les magistrats de la Cour suprême du service qui leur était primitivement imposé.

Les juges fédéraux sont nommés par le président avec l'agrément du Sénat (art. 2 et 3 de la Constitution).

Les inconvénients que nous avons signalés tout à l'heure, et que la Constitution laissait à redouter, ne se sont pas produits. Loin d'être une magistrature fragile, ballottée dans les alternatives de la vie politique, exposée à de fréquents changements et à des actes arbitraires d'autorité, amoindrie dans son prestige par des concessions au Congrès qui la règle, ou au président qui la nomme, la magistrature fédérale a su conquérir une place éminente dans l'Etat, maintenir son indépendance et tenir tête aux violents. Ce résultat précieux est dû à plusieurs causes.

L'inamovibilité des fonctions doit être mise en première ligne, avec la fixité du traitement. La situation

[1] Acte du 10 avril 1869.

personnelle des juges ne peut être compromise par l'énergie de leur caractère. Ensuite, il faut considérer que la magistrature de l'Union est une magistrature de carrière, comme elle l'est en France. Les hommes qui la composent lui consacrent leur vie ; exerçant leurs fonctions dès la jeunesse jusqu'à un âge avancé, ils peuvent acquérir une haute compétence, et doivent compter sur un avancement légitime pour récompenser leurs efforts, sans avoir à craindre une révocation.

Magistrature locale. — Tout autre est la magistrature d'Etat. Elle diffère dans son mode de recrutement, dans sa composition, et aussi, malheureusement, dans sa situation morale.

L'organisation judiciaire locale varie d'Etat à Etat. Il y a généralement une Cour suprême composée de plusieurs magistrats, et des cours composées d'un seul juge que nous avons énumérées plus haut ([1]).

Dans l'Etat de New-York, il y a une Cour d'appel supérieure à la Cour suprême ; c'est une sorte de Cour de cassation, elle n'a pas à connaître des faits et ne décide qu'en droit. Nous n'entrons pas dans les détails de l'organisation judiciaire, parce que ce serait sortir de notre sujet. Nous n'avons pas à exposer le rôle de la magistrature jugeant au civil ou au criminel, jugeant avec l'assistance d'un jury dans les questions de *common law*, ou sans jury dans les questions d'*equity* : nous ne faisons pas de droit privé. Nous n'envisageons que son rôle dans la vie politique, son influence, son

([1]) Cours de Comté, de probate, de juges de paix.

autorité morale, et la situation réciproque des juges
d'Etat et des juges fédéraux.

A ce point de vue, le mode de nomination des juges
et la durée de leurs fonctions prend un intérêt tout particulier.

Sur quarante-deux Etats, douze seulement rejettent
encore le système de l'élection. Huit d'entre eux : Massachussetts, New-Hampshire, New-Jersey, Delaward,
Mississipi, Floride, Géorgie et Louisiane, confient la
nomination au gouverneur seul ou assisté de son conseil, ou avec le consentement du Sénat. Quatre autres
donnent ce pouvoir aux Chambres : Virginie, Rhode-
Island, Connecticut, Caroline du Sud.

Tous les autres ont adopté l'élection ; les uns en
atténuent les effets par une longue durée du mandat,
qu'ils prolongent jusqu'à 14, 15 et même 21 ans : New-
York, Maryland, Pennsylvanie, mais la plupart ont
adopté une durée très courte : trois ans, deux ans, un
an. Les conditions d'âge varient de 21 à 35 ans ; quant
aux conditions de moralité, elles sont assez élastiques.

Les auteurs sont généralement sévères pour le système de l'élection. Le duc de Noailles se déclare nettement hostile ; son jugement absolument défavorable
marque, pour ainsi dire, un pôle de l'opinion en la matière. Dans un long et intéressant chapitre, il cite les
faits les plus surprenants ([1]) ; il motive la rigueur de ses

([1]) Ici, c'est une bande de voleurs et d'assassins dont le chef est sur le
point de parvenir à la magistrature ; ailleurs, c'est le juge Barnard avouant
en plein tribunal que : « Quiconque occupe un siège de juge possède un
haut patronage dont il dispose à sa discrétion en faveur de qui il lui

appréciations sur des scandales qu'il déclare sans pré-
cédents et sans exemple nulle part. Le jugement de
Carlier est beaucoup plus modéré : il reconnaît que des
hommes de valeur peuvent être discernés et choisis par
le suffrage universel, mais il n'hésite pas « à donner,
avec de très bons esprits, la préférence aux principes
consacrés en cette matière par la constitution des
Etats-Unis » (¹).

Pour moi, je ne saurais admettre l'élection des magistrats ; la nomination pour une courte durée surtout
ne peut donner que de très mauvais résultats. Les juges deviennent rapidement les serviteurs d'un parti
politique ; ils sont préoccupés de leur réélection et
tâchent de ne pas mécontenter leurs électeurs ; leur
indépendance et leur moralité ne sont pas garanties.
Théoriquement, il n'est pas difficile de trouver des arguments pour condamner le système de l'élection; en
fait, on commence à s'apercevoir que ses résultats sont
mauvais. La magistrature des Etats est loin de jouir
d'un prestige égal à celui de la magistrature fédérale.
Cet état de choses est d'autant plus regrettable que
toutes les cours américaines jouent un rôle politique
très important que nous allons maintenant examiner, et
pour le bon exercice duquel elles auraient besoin de
toute la confiance des justiciables. La première expérience de l'élection des juges date de 1830 ; le système
s'est rapidement étendu. Aujourd'hui qu'on s'aperçoit

plaît. Pour moi, ajoutait-il, j'ai toujours réussi dans l'existence en aidant
mes amis et non mes adversaires » (t. II).

(¹) Carlier, IV, p. 37.

de la faute commise, il est bien tard pour y remédier, car la démocratie abandonne difficilement ses conquêtes. La magistrature locale traverse une crise grave, dont, malheureusement, elle ne semble pas près de sortir.

II. Compétence de la magistrature pour l'appréciation de la constitutionnalité des lois

Théorie de cette compétence. Toutes les cours de justice américaines, cours fédérales et cours d'Etat, ont le droit de décider si une loi est ou n'est pas conforme à la Constitution. Si la loi est inconstitutionnelle, elles peuvent refuser de l'appliquer. Toute loi fédérale doit être conforme au pacte de 1787 et aux amendements; toutes les constitutions d'Etats doivent être conformes à la Constitution fédérale; toutes les lois des Etats doivent être conformes à la fois à la Constitution fédérale et à la Constitution locale.

La magistrature américaine a un pouvoir beaucoup plus étendu que la nôtre. Chez nous, une loi doit toujours être appliquée par les cours et les tribunaux, qu'elle soit ou non constitutionnelle. Cependant nous avons une jurisprudence qui a quelque analogie avec la doctrine américaine; nos tribunaux se reconnaissent le droit de refuser l'application d'un règlement du chef de l'Etat lorsqu'il est contraire à la loi. Ce point de jurisprudence est encore controversé, mais les juridictions civiles refusent souvent, en fait, d'appliquer un décret illégal.

Personne ne conteste plus en Amérique le droit
d'appréciation du pouvoir judiciaire. La jurisprudence
est inébranlablement fixée ; elle a pour elle l'opinion
publique tout entière et les meilleurs d'entre les jurisconsultes et les publicistes. Nous verrons tout à l'heure
qu'elle ne s'appuie pas sur un texte de la Constitution ;
elle s'est introduite sous la pression des faits, parce
qu'on a trouvé dans cette extension de l'autorité judiciaire un excellent moyen d'apaiser légalement les conflits.

Le droit d'appréciation de la constitutionnalité des
lois n'est pas un apanage exclusif de la magistrature
fédérale ; il n'y a aucune tendance à centraliser entre
ses mains, au détriment des juridictions locales, les
causes où sont soulevées des questions de droit constitutionnel. A ce point de vue spécial, la souveraineté
des Etats se maintient pleine et entière.

M. Bryce s'exprime de la façon suivante : « Le pré-
tendu droit d'annuler une loi inconstitutionnelle est un
devoir plutôt qu'un droit, et un devoir qui incombe à
la plus humble des cours d'Etat, non moins qu'à la Cour
suprême fédérale de Washington, quand elle a à juger
un cas soulevant une question de ce genre. Quand donc
on parle de la Cour suprême, ainsi qu'on le fait quelquefois, même aux Etats-Unis, comme étant la gar-
dienne de la Constitution, on veut dire simplement que
c'est la Cour d'appel devant laquelle des parties peuvent porter des causes qui impliquent des questions
constitutionnelles pour une décision finale. Jusque là,
l'expression est correcte. Mais les fonctions de la Cour

suprême sont les mêmes, dans l'espèce, que celles de toutes les autres cours, soit d'Etat, soit fédérales. Son devoir, comme le leur, est simplement de définir quelle est la loi et de l'appliquer; et chaque fois qu'une cour quelconque, soit une cour d'Etat de première instance, soit la cour fédérale de dernière instance, se trouve en présence d'une loi émanant d'une autorité inférieure, laquelle est en contradiction avec une loi émanant d'une autorité plus haute, son devoir est de rejeter la première comme n'existant pas en réalité et d'appliquer la seconde » (¹).

Les expressions de M. Bryce sont très énergiques, puisqu'il considère la loi inconstitutionnelle comme *n'existant pas*. Toute la difficulté consiste à déterminer quand une loi est ou n'est pas conforme à la Constitution; la question peut devenir extrêmement délicate, donner lieu à de longues controverses et c'est alors que la Cour suprême fédérale de Washington, avec son grand prestige, sa grande autorité morale, sa jurisprudence très ferme, intervenant sur appel des parties comme Cour souveraine, est nécessaire pour mettre un terme à tous les débats et pour tracer une ligne de conduite aux juridictions inférieures.

Mais sur quoi Bryce peut-il s'appuyer pour dire qu'une loi inconstitutionnelle est inexistante? Comment peut-il se faire que lorsqu'une loi a été régulièrement votée par une Chambre compétente, les tribunaux aient le devoir non seulement de ne pas l'appli-

(¹) Bryce, cité par Carlier. *République Américaine*, I, p. 246 et 247.

quer, mais encore de la considérer comme non avenue?
Nous trouvons dans Bryce lui-même le développement
et l'explication de cette théorie :

« Un acte de la législature d'un Etat ou du pouvoir
exécutif d'un Etat en conflit avec la Constitution ou
avec un acte constitutionnel du gouvernement national
est, en réalité, un acte, non du gouvernement de l'Etat
qui ne peut légalement agir contre la Constitution,
mais de *personnes* qui s'arrogent à tort le droit d'agir
comme un tel gouvernement et il est, de ce fait, nul de
plein droit. Ceux qui désobéissent à l'autorité fédérale,
sous le couvert de l'autorité d'un Etat, s'insurgent
contre l'Union et deviennent justiciables de son pouvoir. La coercition de tels insurgés est dirigée non
contre l'Etat, mais contre eux, pris comme délinquants.
Un Etat ne peut ni faire sécession ni se révolter. De
même, il ne peut être forcé » ([1]).

Mais si les Cours de justice peuvent refuser d'appliquer une loi qu'elles jugent inconstitutionnelle, elles
ne doivent intervenir que sur la plainte d'un particulier. Jamais elles n'interviennent *motu proprio*. Elles
doivent être saisies par la demande d'une personne
ayant un intérêt dans la question. Un justiciable quelconque ne peut pas introduire une instance, uniquement parce que la loi lui paraît inconstitutionnelle; il
faut qu'il soit personnellement lésé. Aussi les plus graves décisions de la Cour suprême sont motivées par
des questions d'ordre exclusivement privé. Le débat
prend naissance autour d'un fait d'importance secon-

([1]) Bryce, *The american Commonwealth*, I, p. 448.

daire, autour d'un intérêt souvent minime, mais il s'élargit peu à peu. La question de constitutionnalité n'est pas introduite au principal, elle n'apparaît que dans un procès d'ordre privé et elle n'est posée que subsidiairement, comme un argument invoqué par le demandeur atteint dans sa personne ou dans ses biens par un acte de l'autorité.

En 1876, une loi de Californie donne à la ville et au comté de San-Francisco le droit de réglementer le régime intérieur des prisons. Conformément à cette loi, en apparence inattaquable, les autorités de San-Francisco ordonnent aux gardiens de raser la tête des détenus à leur arrivée. On applique ce régime à un Chinois et on coupe sa tresse. Réclamation de ce dernier qui, conformément à sa religion, « considère la privation de sa tresse comme attentatoire à son honneur, comme une mesure oppressive et illégale, contraire au 14ᵉ amendement de la Constitution des Etats-Unis » (¹). La Cour admet le bien-fondé de sa réclamation, invalide l'ordonnance et condamne le shériff.

En 1879, la Cour frappe de nullité la loi de l'Orégon interdisant aux entrepreneurs d'employer des Chinois aux travaux publics. Dans une autre circonstance, elle affirme qu'aucun Etat particulier n'a le droit d'interdire aux Chinois, en tant que Chinois, l'accès des Etats-Unis. Ces décisions, dont le retentissement est immense, ont été prises à la suite de la plainte portée par un pauvre coolie (²).

(¹) Bryce, I, p. 440.
(²) Le duc de Noailles (II, p. 183) fait remarquer, à propos de ces ar-

La Cour suprême et les autres cours de justice ne procèdent pas par décisions générales semblables aux arrêts de règlement de nos anciens parlements. Elles ne jugent que pour chaque cas particulier; lorsqu'une loi a été déclarée inconstitutionnelle par un arrêt de la Cour suprême elle-même, elle ne disparaît pas pour cela; elle continue d'exister à côté de la décision qui l'infirme, et, dans une autre affaire, les magistrats pour ront se déjuger et appliquer la loi. Il faudra toujours une mesure législative pour l'anéantir. La décision d'une cour ne lie pas les autres, mais, lorsque cette décision émane de la Cour suprême, elle a une très grande importance parce que la jurisprudence de cette haute juridiction est très stable et qu'on sait désormais dans quel sens elle rendra ses arrêts.

Origines de la compétence et de la magistrature pour l'appréciation de la constitutionnalité des lois. — Il faut qu'il y ait, dans une fédération d'Etats, un pouvoir suprême, placé à la fois au-dessus des autorités fédérales et des autorités locales, assez puissant pour imposer une solution en cas de conflit des souverainetés. Sans cet arbitre, qui doit être respectueusement écouté, les moindres conflits risquent de s'éterniser et même de dégénérer en redoutables complications. En Suisse,

rêts, l'extrême ingéniosité des Américains pour tourner une loi ou une décision de jurisprudence. Comme il est dit qu'on ne pourra exclure les Chinois en tant que Chinois, on proposa, dans un meeting, de les déclarer fléau public; alors on pourra s'en débarrasser en tant que fléau public. C'est que la question passionnait l'opinion publique; on sait, en effet, toute l'importance qu'attachent les Américains, au point de vue industriel, à la surabondance des travailleurs chinois.

c'est le peuple lui-même, auquel on peut toujours en appeler par la voie du *referendum,* qui reste l'arbitre suprême.

Les constituants de Philadelphie n'avaient pas organisé, au-dessus des souverainetés, une autorité arbitrale pour régler leurs conflits. Un paragraphe de la section 2 de l'article III dit bien que « le pouvoir judiciaire connaîtra des contestations dans lesquelles les Etats-Unis seront parties et des contestations entre deux ou plusieurs Etats ». Mais ce texte ne prévoit pas les conflits, pourtant fréquents, entre les lois et la Constitution. C'est l'usage et la coutume qui, adaptant, en la modifiant, à une situation nouvelle une ancienne tradition anglaise, a étendu à ces conflits la compétence de la magistrature. On a souvent fait honneur à la Convention de 1787 d'une institution à laquelle elle est demeurée étrangère. Le récent ouvrage de M. Ellis Stevens détruit tous les doutes qui pourraient subsister sur ce point. D'autres jurisconsultes sont du même avis et nous enseignent que l'usage seul a étendu les pouvoirs de la magistrature à l'appréciation de la constitutionnalité des lois.

En fait, dans un très grand nombre de cas, les conflits ont été apaisés, les difficultés ont été palliées par l'arbitrage judiciaire. La Cour suprême des Etats-Unis a été, il est vrai, impuissante à empêcher la guerre de sécession, mais, à ce moment-là, trop d'intérêts étaient en jeu, les esprits étaient trop excités par une question brûlante, insoluble depuis tant d'années, la question de l'esclavage, pour rendre efficace l'intervention de la magistrature. On traversait alors une de ces grandes crises qui ne peuvent se dénouer pacifiquement. La haute magistrature est sortie indemne de l'échec qu'elle essuya en cette circonstance, son prestige n'en fut nullement atteint, et sa compétence est, encore aujourd'hui, aussi étendue qu'elle l'a jamais été.

On peut discuter, au point de vue théorique, la question de savoir si la magistrature a qualité pour apprécier la constitutionnalité des lois. Il semble que ce pouvoir sorte de ses attributions; en principe, la magistrature doit appliquer les lois sans discuter leur validité et leurs conséquences. Il serait, je crois, pernicieux, de laisser s'introduire une opinion contraire. Il n'est pas bon de placer, en général, la magistrature au-dessus du législateur. Cependant, jusqu'à ce jour, les Etats-Unis n'ont pas eu lieu de regretter la compétence si étendue de leur magistrature, parce que celle-ci n'abuse pas de son grand pouvoir.

Summer-Maine, dans son ouvrage sur le gouvernement populaire ('), se trompe, lorsque parlant des pouvoirs de la Cour suprême, il nous assure « qu'on ne trouve d'exemple analogue ni dans l'ancien monde ni dans le moderne ». Cette erreur est relevée par M. Ellis Stevens, qui retrouve cette institution dans les anciennes constitutions du New-Hampshire, du Massachussetts, de la Pennsylvanie, du Delaward, du Maryland, de la Virginie, de la Caroline du Sud, de la Caroline du Nord et de la Georgie. Le duc de Noailles (²) nous apprend également que c'est une vieille idée amé-

---

(¹) P. 218.

(²) *Cent ans de République aux Etats-Unis*, I, système fédératif.

ricaine, et qu'il existait déjà, avant la guerre d'indépendance, dans chaque Etat, des tribunaux chargés d'interpréter les lois constitutionnelles et de les rejeter au
besoin. Mais reconnaître que cette institution existait
pendant la période coloniale, n'est pas assez dire : elle
est d'origine antérieure et plus large dans son application. M. Stevens (¹) nous donne un résumé de son histoire : « En décidant des questions constitutionnelles,
la Cour suprême ne fait qu'interpréter la loi, d'accord
avec les principes qui ont dirigé depuis longtemps les
Cours de l'Angleterre. En effet, quand un juge anglais
trouve qu'il y a conflit entre un acte du parlement et
une décision judiciaire, il considère celle-ci comme
nulle et non avenue, comme venant d'une autorité inférieure à celle du parlement, auteur de l'acte en question; si deux actes parlementaires sont en conflit, il ne
tient pas compte du plus ancien, le considérant comme
ayant été remplacé par l'acte le plus récent; en un mot,
la Cour suprême interprète la loi en déterminant simplement ce qui est loi ou ce qui ne l'est pas. La portée
de cet usage anglais se trouva même quelque peu aug-
mentée dans les colonies, en raison de ce fait qu'au lieu
d'avoir affaire à un parlement, les cours coloniales
avaient affaire à des législatures qui, dans la plupart
des cas, agissaient en vertu de chartes écrites, limitant
leurs pouvoirs, et étaient placées, d'une manière générale, sous l'autorité dominante du gouvernement mé-
tropolitain. La magistrature coloniale n'hésitait pas à

(¹) *Les origines de la Constitution américaine*, p. 195 s.

déclarer invalide, une loi locale, si le vote de ladite loi lui semblait avoir excédé les pouvoirs conférés à la colonie par la charte, et le conseil privé, de même, agissant en qualité de Cour suprême, décidait en cas de conflits entre diverses lois. Lorsque les constitutions d'Etat succédèrent aux chartes, le même système fut suivi par les cours d'Etat dans les cas entraînant conflit entre les lois et les nouvelles constitutions interprêtées judiciairement. Le gouvernement fédéral, en vertu de la constitution qui lui était propre, a, en quelque sorte, créé une sorte de droit supérieur ([1]), en vertu duquel décisions d'Etats comme décisions nationales, émanant d'une autorité moindre que celle de la Constitution, étaient frappées de nullité si elles se trouvaient en conflits avec celles-ci. Le rôle de la magistrature en Angleterre, comme dans les Etats et comme dans les cours des Etats-Unis, est simplement de soutenir la validité de ce qu'elle décide être le droit supérieur contre toutes les lois ou décisions judiciaires émanant de sources moins élevées ».

Si d'ailleurs la compétence des cours en matière d'interprétations constitutionnelles n'a pas été expressément prévue, la magistrature a du moins reçu les pouvoirs les plus étendus. La section 2 de l'article III de la Constitution des Etats-Unis porte que : « le pou-

([1]) Art. VI, sect. 2 de la Constitution des Etats-Unis : « Cette Constitution et les lois des Etats-Unis qui seront faites d'accord avec ses principes, ainsi que tous traités conclus sous son autorité, seront la loi suprême du pays ; et les juges dans chaque Etat seront tenus de s'y conformer, nonobstant toute disposition contraire de la Constitution et des lois de ces Etats ».

voir judiciaire de l'Union s'étendra à tous les litiges de Common law ou d'Equity qui s'élèveront sous l'empire de cette Constitution, des lois des Etats-Unis et des traités conclus d'après leur autorité ». Il résulte de ce texte que si l'autorité traditionnelle des juridictions anglaises et américaines n'est pas maintenue en termes explicités, elle n'est certainement pas diminuée. L'usage devait non seulement la maintenir pleine et entière, mais encore la développer dans une large mesure.

Limites de cette compétence. — Le 4 mars 1861, dans son discours d'inauguration, Lincoln, parlant de l'étendue des pouvoirs de la magistrature, soutint une opinion qui me paraît être absolument juste : « L'arrêt doit être obligatoire pour les parties en cause, et il décide le point en litige; il mérite aussi d'obtenir *l'attention* des autres départements du gouvernement dans tous les cas semblables. »

Cette doctrine concilie à la fois le grand principe de la séparation des pouvoirs et le respect de la chose jugée. Lincoln veut assurer la stabilité et l'influence des décisions de jurisprudence, tout en empêchant la magistrature de devenir plus puissante que les grands corps de l'Etat : « Les citoyens désintéressés, dit-il, doivent admettre que, si la politique du gouvernement sur les questions vitales qui intéressent la nation entière est irrévocablement fixée par une décision de la Cour suprême, le peuple a cessé de se gouverner; il a remis ses pouvoirs à ce tribunal éminent. »

Les juridictions usent d'ailleurs de leur grand pou-

voir avec modération. Tout en statuant sur les causes
qui leur sont soumises, elles évitent de créer des conflits. Elles ne s'immiscent pas dans les attributions de
l'exécutif ou du législatif (¹). Il y a quelques années,
les cours du New-Hampshire refusèrent d'examiner des
difficultés qui s'étaient élevées à propos de la violation
de règlements parlementaires. Les cours sont très prudentes en matière fiscale; très prudentes également
pour tout ce qui touche à la diplomatie. Dès l'année
1793 de violentes discussions ayant éclaté entre les
partis au sujet du traité passé en 1778 avec la France,
le président Washington adressa une requête à la cour
pour qu'elle exprimât son opinion, afin d'éclairer et de
pacifier le pays. La Cour suprême refusa d'intervenir,
ne voulant pas sortir de son rôle.

Les autres pouvoirs maintiennent soigneusement
leurs attributions contre les empiètements possibles de
l'autorité judiciaire. Le président Jackson dit dans un
message, à propos de l'affaire de la Banque (²) : « Le
Congrès, l'Exécutif et la Cour doivent agir chacun
d'après leur manière de concevoir la loi fondamentale.
L'opinion des Juges ne s'impose pas plus au Congrès
que l'opinion du Congrès ne s'impose aux Juges, et
celle du Président ne dépend d'aucune des deux ». —
« La Constitution, dit le sénateur White dans la même
circonstance, place le pouvoir judiciaire dans une Cour

(¹) Duc de Noailles, II, p. 203; Carlier, IV, p. 125 s.

(²) La Cour suprême avait admis comme constitutionnel l'acte créant la
Banque nationale des Etats-Unis. Le président le frappa de son veto.
10 juillet 1832.

suprême et dans les autres tribunaux inférieurs que le
Congrès peut établir de temps à autre. Quand un procès est décidé par la Cour suprême, qui constitue la
cour de dernier ressort, le jugement qu'elle rend est
définitif et obligatoire pour les parties en cause. Mais
ce précédent ne lie ni le Congrès, ni le Président des
Etats-Unis... Si la constitution est interprétée de différentes manières par les divers départements, le Peuple
formera le tribunal qui décidera la difficulté. Chacun
des départements est l'agent du Peuple; chacun d'eux
fait les affaires du Peuple dans les limites des pouvoirs
qui lui sont confiés, et quand il y a conflit relativement
à l'étendue de ces pouvoirs, c'est le Peuple lui-même
qui, par son veto, vient y mettre fin » [1].

Je n'admets pas, sans faire des réserves sur la possibilité de l'appel au Peuple, la théorie de White. Je ne
crois pas que la Constitution ni les coutumes politiques
autorisent le Peuple à former entre la Cour et les autres
pouvoirs « le Tribunal suprême qui décidera la difficulté ». La véritable solution se trouve plutôt dans la
bonne foi et dans la modération des grands corps de
l'Etat qui, dans une période de crise, doivent tâcher de
trouver un terrain de conciliation. Jusqu'à présent, l'esprit pratique des Américains les a protégés contre les
conséquences extrêmes de la séparation des pouvoirs.
Ce qu'il faut retenir de la doctrine de White et de Jackson, c'est que les décisions judiciaires en matière de
droit constitutionnel ne lient pas les assemblées légis-

[1] *Political parties in the United States,* par Martin Van Buren,
p. 311 s.

latives, qui peuvent, si elles le jugent à propos, maintenir leur décision; l'arrêt n'est obligatoire que pour les
parties en cause.

En fait, la situation est la même, surtout lorsque l'arrêt infirmant une loi inconstitutionnelle a été rendu par
la Cour suprême, que si la disposition législative était
définitivement abolie. Personne ne peut faire varier la
jurisprudence de la magistrature, et désormais, elle
jugera de même, si elle croit devoir le faire, dans tous
les cas qui lui seront soumis; la loi ne sera donc plus
appliquée.

Quelle est, dès lors, l'intérêt de la compétence de la
magistrature, en matière constitutionnelle, au point de
vue des conflits de souverainetés? C'est elle qui est la
protectrice du pacte constitutionnel; c'est elle, par
conséquent, qui assure aux Etats le maintien de leurs
attributions contre les empiètements du pouvoir fédéral. Qu'une loi, violant les prérogatives locales, soit
votée par le Congrès, que cette loi soit tacitement
admise par les autorités des Etats qui ne font entendre
aucune protestation, il suffira, pour la faire tomber, de
la plainte de l'un quelconque des citoyens américains
intéressés dans la question. Que le président, à la suite
d'une guerre, veuille conserver son grand pouvoir au-
delà du temps nécessaire, le plus humble des Américains pourra l'arrêter en portant le débat devant la
Cour. Grâce à cette procédure, la protection de la souveraineté locale et de toutes les garanties constitutionnelles est confiée à chaque citoyen.

Nous avons vu qu'on chercherait en vain une preuve

des tendances centralisatrices aux Etats-Unis dans une augmentation des pouvoirs de la Cour suprême au détriment des cours d'Etat. Nous savons que les traditions et la coutume ont donné à toutes les cours, sans exception, le droit d'interpréter la constitution ; théoriquement, les juridictions locales ont une compétence aussi étendue à cet égard que les juridictions fédérales.

Cependant, il faut bien reconnaître que, dans la pratique, les décisions de la magistrature fédérale sur des questions constitutionnelles ont une bien plus grande importance que les décisions locales. Son prestige étant plus élevé, elle est beaucoup mieux écoutée ; jugeant les questions de haut, ses arrêts intéressent un plus grand nombre d'individus ; sa jurisprudence étant très ferme, le point en litige est définitivement tranché. Les cours fédérales et la Cour suprême en particulier deviennent ainsi, par le fait des circonstances, les principales gardiennes de la constitution, et, par cela même, de la souveraineté locale, tandis que les cours d'Etats sont cantonnées dans des questions de second ordre. Théoriquement, leur compétence est la même ; en fait, il y a des différences.

CHAPITRE V

RELATIONS EXTÉRIEURES

Autorité à laquelle appartient la direction des relations extérieures. — De l'admission des étrangers à la possession du sol. — Affaire du faux monnayeur Arjona. — Affaire de la Louisiane. — Possibilité d'une extension de la compétence fédérale.

Autorité à laquelle appartient la direction des relations extérieures. — La Constitution de 1787 donne au gouvernement national seul, le droit de déclarer la guerre (¹) et défend aux Etats de conclure aucun traité, aucune alliance, aucune confédération (²). En vertu de ces textes, l'autorité fédérale dirige toutes les affaires extérieures et les Etats particuliers n'y ont aucune part. La nomination des agents diplomatiques et la conclusion des traités appartiennent au président avec le consentement du Sénat.

Cette centralisation diplomatique est utile à trois points de vue différents :

1º Au point de vue de la politique interne, le prestige du gouvernement central croît aux yeux des gouvernements locaux, parce qu'il leur apparaît comme le seul maître des relations étrangères.

(¹) Art. VIII, section 8.
(²) Art. I, section 10.

2° Au point de vue de la politique extérieure, la fédération a plus d'influence dans le monde. Les souverains
étrangers trouvent en face d'eux, au lieu d'un certain
nombre de petits Etats isolés, une seule grande puissance dont la voix se fait entendre hautement dans les
négociations.

3° Au point de vue de la solidité même du pacte fédéral, les Etats ne pouvant contracter des alliances particulières et compromettre l'Union.

Mais il faut remarquer que le gouvernement fédéral,
investi de la fonction diplomatique, n'a pas le droit d'intervenir dans les affaires intérieures de chacun des
Etats. L'autorité fédérale n'a d'action sur les pouvoirs
locaux que dans les cas limitativement prévus par la
Constitution. Ces cas sont relativement peu nombreux,
et il se trouve que le gouvernement national est souvent
désarmé pour imposer aux Etats l'acceptation de ses
conventions diplomatiques. Il peut même se faire
qu'une réclamation parfaitement justifiée vienne d'une
tierce puissance, et que le gouvernement n'ait aucun
moyen pour accorder les plus légitimes satisfactions. Il
y a là une situation mal définie qui a donné lieu à des
conflits assez remarquables et dont la solution, souvent
cherchée, n'a pas encore été trouvée.

Nous allons constater que le *statu quo* s'est rigou-
sement maintenu depuis la fondation des Etats-Unis.
Il n'y a pas eu une augmentation des pouvoirs du Congrès, à l'effet d'imposer aux Etats l'exécution de toutes
les négociations.

De l'admission des étrangers à la possession du sol.

— Le premier conflit que nous ayons à rapporter remonte à 1853.

Une loi, aujourd'hui abolie, de la Grande-Bretagne, excluait les étrangers de la possession du sol. Les colons apportèrent cette prohibition dans leurs établissements d'outre-mer et ils ne l'ont jamais fait disparaître. Il faut reconnaître qu'elle leur a été utile pour contenir, dans une certaine mesure, le flot montant de l'émigration. S'ils avaient accordé aux nouveaux-venus, quels qu'ils fussent et dès leur arrivée, le droit d'acquérir des terres, ils auraient été rapidement envahis par des aventuriers de tous les pays d'Europe.

En général, l'accueil fait aux émigrants dépend de leur attitude. S'ils débarquent sans manifester l'intention, au moins tacite, de se fixer dans le pays et de lui consacrer leurs ressources pécuniaires et leur activité, ils sont, en quelque sorte, suspects vis-à-vis de l'autorité locale. Si, au contraire, ils semblent disposés à devenir citoyens de l'Etat, ils sont bien reçus.

Dans la plupart des Etats, les étrangers ne peuvent devenir propriétaires du sol que s'ils font, devant une Cour de justice, la « déclaration officielle d'intention » dont nous avons parlé au paragraphe consacré à la naturalisation. Quelques Etats, cependant, admettent des tempéraments à cette règle exclusive. Le Michigan, l'Orégon, l'Iowa s'expriment en ces termes : « Les étrangers qui sont ou pourront devenir résidents de bonne foi de l'Etat, seront assimilés aux concitoyens qui y sont nés, quant au droit de possession, de propriété et d'héritage de biens qui y sont situés ». Ce qui est exigé dans ces Etats, c'est la *résidence de bonne foi*. Ailleurs, les termes de la loi sont encore plus larges, le Kansas et le Massachussets accordent la possession du sol aux étrangers.

Mais c'est toujours la législation locale qui statue souverainement sur ce point, l'Union n'intervient pas.

Or, en 1853, elle a conclu avec la France un traité qui accorde à nos nationaux la réciprocité en matière de propriété foncière. Les étrangers pouvant être propriétaires sur tout le sol de la France, les Français devraient pouvoir l'être sur tout le territoire américain. Mais la convention n'a pu avoir ce développement logique. Dans le traité même, l'Union, reconnaissant son impuissance à contraindre les Etats à changer leur législation immobilière, n'a pu promettre que *d'employer son influence* à faire accorder à nos nationaux le droit de réciprocité.

Cette influence n'a guère abouti jusqu'à ce jour, et les Français se trouvent dans une situation peu conforme aux coutumes du droit international. Alors que les Américains peuvent posséder sans restriction chez nous, nous ne pouvons posséder en Amérique que sur les territoires fédéraux et dans quelques rares Etats qui ont bien voulu librement nous reconnaître ce droit.

Ainsi, le traité de 1853 est resté en grande partie lettre morte, parce qu'il n'appartenait pas à l'Union de réglementer le droit de propriété et que les Etats n'ont pas voulu renoncer à leurs prérogatives sur ce point.

Affaire du faux-monnayeur Arjona. — Le conflit entre la souveraineté fédérale et la souveraineté locale provoqué par des réclamations diplomatiques s'est ici terminé à l'avantage du gouvernement national. Il y a quelques années, on s'aperçut que les Etats-Unis devenaient le centre d'une abondante fabrication de fausse-monnaie étrangère. L'affaire n'avait pas en elle-même un grand intérêt pour les gouvernements locaux, mais elle préoccupait vivement les autorités fédérales en butte aux protestations des puissances. Une loi du Congrès fut promulguée à l'effet d'empêcher cette fabrication et de punir son auteur. Arjona fut accusé d'avoir contrevenu à cette loi, poursuivi et condamné. Son avocat alléguait pour sa défense qu'une pareille prohibition était en dehors des attributions du Congrès et que, seul, l'Etat dans le ressort duquel le délit avait été commis, pouvait le réprimer.

La Cour suprême donna la solution suivante : « Le Congrès était compétent et il fallait bien qu'il en fût ainsi; que se produirait-il, en effet, si un gouvernement étranger refusait de punir la contrefaçon des billets américains? — Or, si les Etats-Unis peuvent réclamer de ce chef auprès d'une puissance étrangère, la réciproque doit exister : le pouvoir fédéral est donc compétent pour faire une loi répressive, ce qui n'empêche nullement, d'ailleurs, les législatures locales de faire de même » (¹).

Affaire de la Louisiane; massacre des prisonniers italiens à la Nouvelle-Orléans. — A certains égards, la situation fut la même que dans le cas précédent, mais la solution donnée au conflit fut toute différente. Le gouvernement des Etats-Unis fut impuissant à donner satisfaction aux légitimes revendications de l'Italie, parce qu'il se heurta à l'indépendance locale et qu'il ne put passer outre.

Nous trouvons dans la *Revue de droit international privé* (¹) la relation de ce conflit.

Le 14 mars 1891, des prisonniers italiens qui venaient d'être condamnés par les tribunaux de la Nouvelle-Orléans, furent lynchés par la foule. La sentence prononcée par les juges n'avait pas satisfait l'opinion publique; une émeute éclata. Le consul d'Italie, prévoyant les plus grands désordres, intervint vainement dès le début auprès des autorités locales; il se heurta à leur indifférence, à leur mauvaise volonté ou à leur impuissance; les portes de la prison furent forcées et les condamnés mis à mort. Le gouvernement italien, aussitôt prévenu, exigea des explications et des réparations. Les événements de la Louisiane revêtaient à ses yeux un caractère de gravité tout particulier. Les Italiens étaient très impopulaires dans l'Amérique du Sud; on essayait d'arrêter leur émigration et le meurtre des prisonniers paraissait être une insulte directe faite à l'Italie. Le Quirinal réclamait une indemnité pour les familles des victimes et la condamnation des coupables. Le cabinet de Washington résistait. Il est certain, cependant, que la loi de Lynch ne peut être invoquée comme supérieure au droit des gens, ni opposée à des

(¹) *J. Clunet*, 1891, p. 1147 s.

gouvernements étrangers. Si les autorités américaines n'avaient pas voulu ou n'avaient pas pu empêcher le massacre, elles devaient le réparer dans la mesure du possible. L'Italie, ne pouvant obtenir satisfaction, rappela son ambassadeur. Si le conflit n'aboutit pas à une rupture complète, c'est, comme le dit l'auteur de l'article que nous citons ici, « parce que l'intérêt des bonnes relations des deux Etats en présence est trop au-dessus du point particulier qui fait l'objet du litige, et parce que les individus qui l'ont provoqué méritaient peu un pareil souci ».

La véritable raison des résistances américaines ne fut pas mise en lumière, croyons-nous, lors de l'échange des notes diplomatiques. Au fond, le gouvernement de Washington aurait accordé, s'il l'avait pu, les satisfactions demandées par l'Italie, mais il était impuissant à obtenir des autorités locales l'arrestation et la mise en jugement des coupables. Le cas n'est pas prévu par la Constitution, la souveraineté de la Louisiane reste pleine et entière pour la répression de pareils faits, le gouvernement central est désarmé. Il n'a pour lui que son autorité morale, l'emploi de la force serait illégal : ce serait un empiètement brutal de la souveraineté fédérale sur la souveraineté locale.

L'auteur de l'article fait énergiquement ressortir l'illogisme d'une pareille situation.

Puisque la Constitution fédérale a donné au gouvernement central la direction des affaires diplomatiques, puisqu'elle lui a donné les droits les plus étendus vis-à-vis des nations étrangères, elle aurait dû lui donner

également les moyens de remplir tous ses devoirs. Les
nations qui veulent entrer en relations avec les Etats-
Unis, ne trouvent vis-à-vis d'elles qu'un seul représentant de ces quarante-deux souverainetés : le cabinet de
Washington. Il est nécessaire, pour le prestige même
de ce cabinet et pour la confiance qu'il doit inspirer,
qu'il ait les moyens de régler, conformément au droit
des gens, toutes les questions qui peuvent surgir. Les
conflits comme celui qui vient de nous occuper sont
rares, mais leur retour n'est certainement pas impossible. Dans l'état actuel des mœurs politiques en Amérique, ils sont insolubles ([1]).

M. Siméon E. Baldwin, dans l'article de la *Revue de
droit public* déjà cité, signale un fait identique. Le
massacre des travailleurs chinois dans le Far-West,
causé par les mêmes antipathies populaires, resta im-
puni pour les mêmes raisons.

M. Baldwin dit d'ailleurs que, dans ces cas-là, « les
Etats-Unis ont toujours décliné toute responsabilité,
mais, pour transiger, ont payé des indemnités concédées à titre gracieux et reçues comme une réparation
due légalement. Pour ces troubles, il n'existe guère
de sanction dans les Etats où ils se sont produits :
ce sont des pays où la force crée le droit et où les
classes sont très animées les unes contre les autres. La

([1]) Il est à remarquer que l'attitude des Etats-Unis vis-à-vis du Mexique lors de l'affaire Cutting, contraste singulièrement avec leur attitude
dans les affaires de la Nouvelle-Orléans. Le développement de cette question serait en dehors du sujet. V. *J. Clunet, Revue de droit international
privé*, 1887, p. 713 s.

Nouvelle-Orléans est une des plus anciennes villes de l'Amérique, et pourtant là, tout le capital et toute l'intelligence appartiennent à une minorité, noyée dans une masse d'ouvriers ignorants qui se groupent autour de chefs sans principes : là, trop souvent, les coups de pistolet tiennent lieu des arrêts de justice » [1].

Possibilité d'une extension de la compétence fédérale. — Il est évident qu'en cas de dommages causés à leurs nationaux, les Etats étrangers ne peuvent pas se contenter des faux-fuyants du gouvernement fédéral. Lorsqu'il y a atteinte à la vie ou violation de traités garantissant les biens et la vie, les puissances lésées sont en droit d'intervenir pour obtenir le châtiment des coupables. On commence à comprendre aux Etats-Unis qu'il faut trouver un moyen d'obtenir des autorités locales des réparations légitimes. La cour suprême est entrée dans cette voie, nous l'avons vu, lors de l'affaire d'Arjona, mais sa décision est encore isolée.

M. Baldwin, qui se prononce pour une extension de l'autorité fédérale, rappelle, dans son article, que la Constitution donne aux cours fédérales le droit de juger toutes les questions de loi ou d'équité qui peuvent se produire sous le domaine de la Constitution. Cette règle semble devoir s'appliquer dans le cas où l'ordre international est troublé, puisque la Constitution donne au gouvernement fédéral seul le droit de diriger les relations extérieures. D'ailleurs, si le gouvernement peut intervenir pour les questions d'ordre

[1] Siméon E. Baldwin, *Revue de droit public*, 1895, II, p. 443.

intérieur, *a fortiori*, semble-t-il, doit-il intervenir pour les cas où l'ordre international est atteint. Un acte du Congrès peut évoquer déjà une accusation de meurtre et la transférer d'une cour locale à une cour fédérale si le demandeur ou le défendeur soutiennent qu'il y a eu violation de la loi ; n'y aurait-il pas moyen d'étendre cette jurisprudence au cas où une règle unanimement admise du droit des gens ou un traité auraient été violés ?

Une réunion du barreau américain s'est demandé quelle ligne de conduite il convenait de suivre lorsqu'une action n'était pas intentée, dans les six mois, contre les perturbateurs de l'ordre international par les tribunaux locaux, sur la plainte d'un gouvernement étranger. Ne pourrait-on pas permettre au président d'évoquer l'affaire et de la faire juger par une cour fédérale ? Ce droit d'évocation serait du ressort du président, même lorsqu'il n'y aurait pas eu violation d'un traité. Il aurait un heureux résultat, car le juge fédéral, placé haut et loin, serait tout à fait indépendant et pourrait faire justice des perturbateurs sans se laisser influencer par l'opinion publique locale. Mais cette évocation, possible et admise en théorie, n'a pas été admise en fait. Les discussions se prolongent sans qu'on ait trouvé le moyen de renforcer la puissance fédérale.

Et cependant, il paraît évident que le cabinet de Washington, compétent pour conclure des traités, doit pouvoir en exiger l'application par les autorités locales. Le principe des souverainetés d'Etat n'aurait pas à souffrir d'une conséquence aussi légitime des rè-

gles constitutionnelles. Les souverainetés locales ont
fait abandon de leur indépendance externe au profit du
gouvernement central, il ne faut pas qu'elles puissent
se dérober aux conséquences de cet abandon.

Nous venons de voir qu'on s'accorde à trouver nécessaire une extension de l'autorité fédérale, mais une réforme en ce sens est particulièrement délicate ; jusqu'où
devra aller l'augmentation des pouvoirs ? Il peut y avoir
des cas où l'application obligatoire d'un traité constituerait un empiètement sur les attributions essentielles
des souverainetés locales. Si les Etats ne pouvaient, en
aucun cas, refuser d'appliquer les conventions diplomatiques de l'Union, l'Union pourrait, sous forme de
traités, augmenter peu à peu et arbitrairement sa puissance, jusqu'à l'anéantissement complet des immunités
locales. Il ne faut donc pas armer le gouvernement de
Washington d'un pouvoir illimité. Il y a là une question de mesure difficile à déterminer nettement.

Nous avons vu, par exemple, que le traité de 1853
assurait à nos nationaux la réciprocité en matière de
possession du sol, mais que de nombreux Etats ont refusé de changer leur législation. Nous admettons ici,
sans aucune difficulté, la légitimité de leurs résistances.
L'écartement systématique des étrangers de la possession foncière est traditionnelle dans les pays anglo-
saxons. Cette doctrine perd aujourd'hui du terrain devant la diffusion de principes plus modernes ; en
Angleterre, elle a disparu. Mais il serait profondément
injuste de forcer la main aux souverainetés locales pour
la leur faire rejeter ; ce serait aller directement à l'en-

contre de leurs plus anciennes traditions, ce serait un
véritable abus. La convention de 1853 est bonne en
elle-même ; elle est venue à son heure, elle répond à
un besoin d'échange et de confiance entre les peuples
qui se fait de plus en plus sentir. Les Etats peuvent
désormais s'y rattacher successivement, à mesure que
l'évolution des idées modernes s'accomplit chez eux et
remplace les vieilles coutumes de la race. Il faut laisser
cette évolution se faire d'elle-même, et ne pas essayer
de brusquer son mouvement.

Le gouvernement central a bien compris son rôle. Il
a, en quelque sorte, ouvert une porte aux autorités
locales, laissant à celles-ci l'entière liberté d'y passer.
Il use de persuasion, il délaisse l'emploi de la force : la
souveraineté locale demeure pleine et entière. Si, au
contraire, l'Union avait pu imposer sa convention, je
crois qu'il faudrait la blâmer. Où serait la souveraineté
des Etats si le Congrès pouvait à sa guise les forcer à
modifier leur législation ?

Tout autre est le cas où des travailleurs étrangers
sont massacrés par la foule. Les émeutiers de la Nouvelle-Orléans s'étaient rendus coupables d'un crime de
droit commun, il était indispensable qu'ils en fussent
punis, au nom même de la justice ; les autorités de la
Louisiane avaient manqué aux règles les plus élémen-
taires du droit des gens en se rendant complices, par
leur abstention, d'un massacre d'étrangers en tant
qu'étrangers et en pleine paix ; il était nécessaire
qu'elles en fournissent réparation. Elles ne pouvaient
invoquer ni leurs traditions héréditaires, ni le principe

de leur indépendance ; elles ne pouvaient que se retrancherderrière leur intérêt égoïste, c'est-à-dire la nécessité pour elles d'écarter les aventuriers italiens « vomis par Gibraltar ». Il est regrettable que, dans un cas semblable, les autorités fédérales soient désarmées.

On peut conclure, je crois, en proposant en termes généraux la réforme suivante de la constitution américaine.

Toutes les fois qu'une convention internationale visera les droits fondamentaux ou les traditions des Etats, la règle actuelle demeurera intacte : le pouvoir central ne pourra rien pour imposer ses vues ; toutes les fois, au contraire, qu'il s'agira seulement de ces multiples questions de courtoisie internationale, telles que satisfactions à accorder, mises en jugement de coupables, respect d'une convention passée par l'Union et acceptée par l'Etat, etc., le gouvernement central, compétent pour conclure, sera compétent pour faire exécuter ; l'autorité locale devra s'incliner devant la décision fédérale. Ainsi se concilieront, pensons-nous, les intérêts aujourd'hui contraire de la souveraineté locale et de la souveraineté fédérale en matière diplomatique.

Si les Etats-Unis n'en arrivent pas à cette réforme, ils resteront dans une situation assez bizarre. Si, en effet, la souveraineté fédérale est à ce point désarmée qu'elle ne puisse imposer aux Etats le respect des règles fondamentales du droit des gens, c'est qu'au fond elle est incompétente, dans une certaine mesure, en matière internationale ; c'est que les termes de la Constitution qui accordent au gouvernement central compétence

exclusive pour le règlement des affaires diplomatiques,
ne sont qu'un leurre, une apparence contraire à la réalité. Si les Etats étrangers veulent conclure une convention véritablement stable, complètement efficace et
sans crainte de surprises, à qui devront-ils s'adresser ?
Ce ne sera pas assurément au gouvernement central,
puisqu'il y a ce piège toujours tendu de la souveraineté
locale. Peut-être, passant par dessus les expressions
trompeuses du pacte fédéral, devront-ils s'adresser en
secret aux autorités locales et traiter directement avec
elles. Mais alors, ce seront eux, les Etats étrangers, qui
pourront, à un moment donné, se dérober sans crainte
aux conséquences de leurs conventions, puisque les
souverainetés locales, n'ayant, — en dépit de leur milice, — ni armée véritable, ni marine, et n'ayant pas le
droit, de par la Constitution, de commencer les hostilités, ne pourront pas recourir à la sanction suprême des
conventions internationales : la guerre. De sorte que,
circonstance étrange, les Etats-Unis, malgré leurs immenses ressources, leur grande influence dans le
monde, leurs forces armées puissantes et leur glorieux
passé militaire, malgré toutes les conditions qui leur
assurent une place importante dans le concert international, sont une nation peu sûre en matière diplomatique. Dans les situations difficiles, ils peuvent toujours
et facilement trouver une porte de sortie.

En résumé, le besoin d'une centralisation plus complète de tous les pouvoirs nécessaires à la conduite des
affaire internationales se fait sentir en Amérique; il est
proclamé par des écrivains isolés, comme M. Baldwin,

par les membres du barreau américain, par la Cour
suprême elle-même mais, en fait, cette centralisation,
si généralement désirée, ne s'est pas encore produite.
Ceci nous prouve clairement que les tendances centralisatrices sont loin de dominer aux Etats-Unis. En effet,
puisqu'on s'accorde ici à désirer une augmentation du
pouvoir fédéral, puisqu'elle semble nécessaire dans
l'intérêt de la nation tout entière et pour la sûreté de
ses relations diplomatiques, mais puisqu'on ne peut
arriver à obtenir l'extension souhaitée, et que les prérogatives des Etats sont au contraire scrupuleusement
respectées, c'est que les souverainetés locales ont une
vitalité puissante, et que le moment n'est pas venu de
restreindre leurs attributions.

CHAPITRE VI

THÉORIE JURIDIQUE DE LA SOUVERAINETÉ DANS L'ÉTAT FÉDÉRAL

I. Intérêt de la question

Nous avons vu que l'autorité locale aux Etats-Unis est en voie de reconstitution. Les faits les plus modernes semblent donner tort aux écrivains qui prédisaient l'extension indéfinie du pouvoir fédéral. Une réaction pacifique contre la centralisation amenée par la guerre de sécession se fait sentir. Les principaux arguments de fait qui étayaient la théorie soutenue par Carlier, et admise avec lui par la grande majorité des esprits, perdent maintenant de leur valeur.

Le but de mes efforts était précisément de montrer en quoi ils sont aujourd'hui ébranlés. Mais mon étude serait incomplète si je ne me plaçais pas maintenant sur un autre terrain. La doctrine de la centralisation ne s'appuie pas seulement sur des arguments de fait. Elle a encore pour elle des théories juridiques. Or, si les faits anciens sont contredits par des faits nouveaux, faciles à constater, les théories juridiques qu'il faut critiquer sont solidement assises et savamment défendues.

La question qui se pose est celle-ci. La souveraineté peut-elle se diviser? Dans l'Etat fédéral, pris en général, les autorités locales et l'autorité fédérale peuvent-elles être à la fois souveraines, ou bien cette division est-elle illogique et ne doit-il y avoir qu'un seul souverain?

Suivant la réponse que reçoit cette question, l'état de fait qui existe aux Etats-Unis a ou n'a pas sa raison d'être en droit. Si la souveraineté est divisible, il est logique que nous trouvions deux souverains aux Etats-Unis. Si, au contraire, elle est indivisible — et c'est la thèse du plus grand nombre des auteurs — nous nous trouvons enfermés dans un dilemme : ou bien, contrairement aux apparences, contrairement aux textes constitutionnels, au langage politique, aux habitudes d'esprit, il n'y a qu'un seul souverain aux Etats-Unis, ou bien il y en a réellement deux en fait, mais alors la situation est illogique, elle heurte la raison, elle fait violence aux nécessités de la politique, et, tôt ou tard, fatalement, irrémédiablement, une des deux souverainetés doit disparaître devant l'autre.

Si on se laisse enfermer dans le premier terme du dilemme, il faudra déterminer qui, de l'autorité locale ou de l'autorité fédérale, est seule souveraine. Au temps de Tocqueville, on soutenait souvent que la souveraineté appartenait aux Etats particuliers. Aujourd'hui, on a cru que cette qualité s'appliquait au seul gouvernement fédéral. Nous verrons que la vérité n'est ni d'un côté ni de l'autre.

Si on se laisse enfermer dans le second terme du dilemme, il faudra chercher quelle est celle des deux souverainetés qui est destinée à disparaître. Je ne saurais me prononcer dans un sens où dans l'autre, car, personnellement, je crois à la persistance de l'état de choses existant et au maintien de l'équilibre entre les deux souverainetés; il y a eu et il y aura encore des conflits entre les souverainetés, résultat inévitable de leur ambition réciproque, amenant l'augmentation ou la diminution tantôt de l'une, tantôt de l'autre, mais ces conflits sont passagers et le calme tend à se rétablir.

Les théories nombreuses qui ont été soutenues, fondées sur l'indivisibilité de la souveraineté, n'ont pas eu de succès; toutes peuvent être critiquées, car aucune ne s'accorde avec les faits ; quelques-unes sont ingénieuses, mais elles sont construites en l'air et ne tiennent pas assez compte de la réalité.

Il faut tâcher de trouver une théorie qui soit à la fois d'accord avec le droit et avec les faits.

Je me propose d'arriver aux deux conclusions suivantes : d'une part, la souveraineté est divisible, au moins quant à son exercice ; un même Etat peut obéir à deux souverains, agissant chacun dans la sphère de ses attributions; d'autre part, l'Etat, dans son concept juridique, est indivisible : il ne peut pas y avoir un Etat dans l'Etat.

La souveraineté m'apparaît comme un attribut essentiel de l'Etat ; un Etat ne peut pas ne pas être souverain ou il cesserait d'être un Etat. Mais l'exercice de la souveraineté peut être confié à deux organes distincts. En vertu de cette théorie, il n'y aurait aux Etats-Unis qu'un seul Etat et deux souverains.

II. Formation de l'Etat

Précisons d'abord ce que nous entendons ici par Etat. La langue du droit public est pauvre, et il arrive que les mêmes mots soient employés dans deux sens différents.

Un Etat est un groupe d'hommes parfaitement indépendant de tout autre groupe, établi sur un territoire dont il a la possession exclusive, et dans lequel la collectivité est pourvue par elle-même de tous les moyens suffisants pour faire exécuter par l'individu toutes ses volontés.

Théoriquement, il est impossible d'assigner une limite inférieure au nombre des hommes nécessaires pour composer un Etat. J'estime, toutefois, qu'il ne peut pas se composer d'un seul individu. L'isolement absolu est contre nature ; il ne peut durer, il se détruit lui-même. On ne peut en tirer aucune loi générale ; c'est un accident passager. L'Etat, pour employer l'expression d'un auteur que nous aurons tout à l'heure à combattre « est la meilleure et la plus haute des organisations humaines » (¹). Il permet à l'homme de développer toutes ses facultés physiques et morales ; il subsiste,

(¹) Le Fur, *Etat Fédéral et Confédération d'Etats.* Thèse, Paris, 1896.

il se reproduit lui-même. Pour employer un langage
très usité dans la philosophie moderne, l'Etat est un
être vivant dont les cellules sont des individus.

Il faut qu'il y ait indépendance et collectivité, ou, si
l'on préfère, collectivité indépendante.

Mais comment se forme l'Etat ?

Donnons à l'homme isolé une compagne, et supposons qu'ils procréent des enfants : il n'y aura pas non
plus Etat, il y aura famille. Mais l'Etat est en germe
dans la famille. Les enfants procréent à leur tour ; insensiblement, la famille se multiplie ; il y a bientôt
groupe de familles, et, à plus forte raison, groupe d'individus : c'est alors que, peu à peu, commence à apparaître l'Etat. Il se forme si le groupe reste uni et indépendant de tout autre.

Il se forme de lui-même par suite des nécessités
mêmes de la nature humaine. Il n'y a pas entente préalable, il n'y a pas contrat social. On ne se figure pas
des hommes primitifs contractant entre eux, mettant
en commun leurs forces, renonçant à une certaine part
de leur liberté individuelle pour acquérir la sûreté. Ce
sont là des notions beaucoup trop complexes pour
qu'on puisse les supposer, même en germe, chez des
hommes à l'état de barbarie. Ce sont des idées sociales
qui ne s'expliquent pas à une époque où la société n'est
pas encore formée. Ils se réunissent parce que leur
nature l'exige. Il y a une théorie qui, à mon avis, répond très bien à cette question (¹). Les hommes se réu-

---

(¹) Durkheim, *La division du travail social*

nissent parce qu'ils ont une similitude de besoins qui
les pousse à vivre en commun et parce que ces besoins
ne peuvent trouver que dans l'association leur complète satisfaction. Ils se réunissent aussi parce que,
tout en ayant des besoins semblables, ils ont des aptitudes différentes. Les uns sont vigoureux et propres à
repousser les agressions, les autres sont sages dans
les conseils, les autres sont adroits à la chasse des
animaux ou à tirer des aliments du sol, les autres sont
habiles à ménager des abris et plus tard à construire
des huttes, les autres savent confectionner divers us-
tensiles nécessaires à la vie, etc.

Les aptitudes différentes servent à la collectivité;
peu à peu, chacun s'emploie aux occupations qu'il
réussit le mieux; c'est le premier rudiment de la division du travail. Remarquons bien que le groupe ne
doit pas perdre son indépendance depuis ses plus modestes origines jusqu'à l'époque de son complet développement; sans cela, il cesserait *ipso facto* de constituer un Etat. L'indépendance est essentielle. Si un
autre groupe plus puissant ou plus habile parvenait à
l'asservir, il ferait partie intégrante de l'Etat formé par
le nouveau groupe; il se confondrait juridiquement
avec lui. Remarquons également que le groupe doit
posséder depuis ses commencements la plénitude des
droits politiques. Un Etat, étant indépendant, doit se
suffire à lui-même; il doit avoir en lui tous les moyens
d'assurer sa propre conservation : une armée, des lois,
des juges. Les lois ou les coutumes doivent pouvoir
s'étendre à tous les objets possibles; dès l'instant où

là liberté absolue de législation et de gouvernement intérieur serait réduite, c'est qu'il y aurait asservissement à une autre puissance, et, par conséquent, perte de l'indépendance. L'Etat a la totalité de la puissance publique : les restrictions ne peuvent pas venir du dehors, puisque toute perte de l'indépendance entraîne disparition de l'Etat ; elles ne peuvent pas non plus venir du dedans, car on ne s'imagine pas un Etat s'interdisant à lui-même la réglementation des objets nécessaires. Si l'Etat manque de l'une quelconque des attributions utiles à sa conservation, il cesse immédiatement d'être l'Etat. Il n'y a pas de partage possible, il n'y a pas de juxtapositions d'Etats. L'Etat est, ou il n'est pas. S'il est, il est sans restrictions, et si des restrictions sont imposées à ses droits, il ne forme plus que ce qu'on a nommé un groupe secondaire — une province, une commune — il n'est plus la meilleure et la plus haute des organisations humaines.

L'Etat est indivisible.

III. La souveraineté

Le souverain est une autorité qui commande en vertu d'un pouvoir qui lui est propre. N'est pas souverain, quelles que soient l'étendue de sa juridiction et l'importance de ses fonctions, l'homme ou le groupe d'hommes qui doit compte de ses actes à une autre autorité ; est au contraire souverain, l'homme qui, même dans une sphère très restreinte, donne des ordres qui doivent être obéis par tous et qui ne peuvent être contrôlés par personne.

La souveraineté n'est, à mon avis, susceptible d'aucune restriction si l'on considère seulement les objets auxquels elle s'applique, mais le nombre des objets mis dans la compétence d'un souverain peut être limité. La souveraineté ne s'étend pas nécessairement à l'universalité des fonctions publiques.

Le peuple a besoin d'une autorité. Il faut qu'il y ait dans un Etat un ou plusieurs individus qui commandent à tous, donnent des ordres exécutoires, tranchent les différends, organisent une force armée pour repousser les agressions, lèvent des impôts pour subvenir aux dépenses d'utilité commune. Sans une autorité qui centralise les forces sociales et leur donne une unité de direction, réprime les fautes, châtie les crimes, il ne peut pas y avoir d'Etat. L'autorité est nécessaire au peuple dès qu'il dépasse les agglomérations tout à fait inférieures; sans elle, il resterait dans la barbarie primitive.

Qui est-ce qui exerce l'autorité?

Sauf peut-être dans les peuplades du degré le plus humble, jamais la totalité du peuple ne prend part au gouvernement. C'est toujours une fraction du groupe qui commande à tous; cette fraction est plus ou moins étendue, mais elle n'est nulle part composée de la totalité de la nation elle-même. Qui prend-on pour commander? C'est une question de fait; selon les mœurs du peuple, selon les nécessités de l'existence dans telle ou telle région, on prend les anciens, les pères de famille, ceux qui sont sages dans les conseils, ou bien, au contraire, les hommes jeunes et valides. Chaque peuple prend pour maîtres ceux qu'il juge les plus capables de le diriger et de le défendre. Même si le peuple conserve le droit de se diriger lui-même dans des assemblées plénières — et l'histoire nous prouve que c'est une exception — les coutumes décident ceux qui peuvent prendre part à la discussion, les époques et les lieux où la discussion doit s'ouvrir, les formes requises pour l'expression de la volonté nationale. En supposant la démocratie la plus large possible, jamais l'universalité des individus ne fait partie de l'assemblée. En admettant même que les femmes soient admises à la discussion, on exclut, de toute nécessité, les enfants au-dessous d'un certain âge, les vieillards parvenus à l'extrême limite de la vie, les indignes. Dans la démocratie la plus étendue qu'on la puisse concevoir, jamais l'unanimité des voix n'est indispensable, car l'opposition d'un seul suffirait pour paralyser les plus sages résolutions : on se contente d'une majorité. De telle sorte qu'au fond, c'est toujours un groupe qui commande à la totalité. C'est à ce groupe qu'est confié l'exercice de la souveraineté. La souveraineté réside sans doute, à l'origine, dans la masse du peuple, mais il la délègue toujours ; elle ne peut même être efficacement exercée que si elle est déléguée. Tant qu'elle reste dans la masse du peuple, tant qu'elle appartient à tous, tant qu'une fraction ne peut pas imposer sa volonté à la totalité, il n'y a ni ordre ni soumission. La souveraineté ne se manifeste qu'avec la formation d'un groupe qui commande ; ce groupe, c'est le souverain ; l'autorité qui lui appartient, c'est la souveraineté. L'ordre doit être obéi sans contestation de la part de qui que ce soit. Si un appel était possible devant une autorité supérieure, ce serait cette dernière autorité qui serait souveraine.

Mais ce groupe qui a reçu le droit de commander est-il forcément *un*? Doit-il nécessairement avoir à lui tout seul compétence sur l'universalité des fonctions publiques, sans aucune restriction et sans aucun partage, ou peut-il y avoir deux groupes ayant des attributions distinctes et souverains dans les limites de leurs fonctions respectives?

La division ne s'impose pas à l'origine quand les fonctions sociales sont encore peu complexes, mais elle devient nécessaire lorsque le peuple s'accroît dans une proportion trop grande, lorsqu'il arrive à un haut degré de civilisation et que ses besoins se multiplient.

Comment s'opère le partage des attributions?

De deux façons distinctes : ou bien il n'y aura qu'un souverain ayant des mandataires nombreux qui exerceceront le pouvoir en son nom, ou bien il y aura deux ou plusieurs souverains.

Le premier cas ne doit pas être discuté ici; le second seul nous intéresse.

Par divisibilité de l'exercice de la souveraineté, j'admets non seulement qu'il peut y avoir différenciation entre les organes du gouvernement dans un même État unitaire, ce qui, aujourd'hui, n'est plus discuté, mais bien qu'il peut y avoir deux ou plusieurs souverains au sein d'un même État.

On conçoit aisément qu'un groupe d'individus puisse

commander dans un nombre de cas déterminés et que le surplus des attributions appartienne à un autre groupe. Il suffit, pour transformer le droit de commander en un droit de souveraineté, que chaque groupe puisse donner des ordres au peuple sans avoir à rendre compte de ses actes à une autre autorité. Pourquoi, lorsque les questions à régler sont nombreuses et complexes, obliger un Etat à les mettre toutes dans la compétence d'un seul, alors qu'il peut être de son intérêt de les confier à plusieurs, et que rien ne s'oppose au partage, ni théoriquement, ni en fait?

Plaçons-nous d'abord au point de vue théorique.

On a quelquefois rejeté le principe de la divisibilité de la souveraineté en s'appuyant sur l'argument suivant. Le pouvoir souverain est le pouvoir le plus élevé; il ne peut donc y avoir deux souverains, car il ne peut y avoir dans un même peuple deux pouvoirs dont chacun est le plus élevé. Mais remarquons bien que, dans un Etat fédéral, le pouvoir local, qui est incompétent pour s'occuper des affaires d'intérêt général, est le plus élevé pour la connaissance des affaires d'intérêt particulier; — de même, le pouvoir fédéral, incompétent pour s'occuper des affaires locales, est le plus élevé pour les affaires fédérales. Chacun des deux pouvoirs est ainsi le plus élevé dans la sphère de ses attributions et la contradiction relevée tout à l'heure n'est qu'apparente.

En fait, il a été fait de la forme fédérative d'assez fréquentes applications pour établir qu'elle peut fonctionner régulièrement dans la pratique. De nombreux

Etats la revêtent aujourd'hui et nous la retrouvons à des époques éloignées de celle où nous vivons.

IV. Formation et dissolution de l'Etat fédéral

Grâce aux explications qui précèdent, nous pouvons comprendre comment se forme l'Etat fédéral.

Il se forme de deux façons différentes.

Ou bien un Etat unitaire se fractionne lui-même et reconnaît à ses diverses provinces une certaine autonomie. La souveraineté se partagera désormais entre le gouvernement fédéral et les gouvernements locaux nouvellement créés.

Ou bien, un certain nombre d'Etats pleinement souverains s'unissent en vertu de leur consentement mutuel et renoncent à une part de leur souveraineté pour fonder le gouvernement fédéral.

Le premier mode de formation est un peu arbitraire. Le second est, à mon avis, préférable et, en fait, il est beaucoup plus fréquent. Un Etat unitaire qui se fractionne manque de bases pour asseoir les gouvernements particuliers; au contraire, les Etats qui s'unissent établissent le gouvernement fédéral au-dessus d'eux pour veiller à leurs intérêts communs. La notion qu'ont des peuples voisins d'une communauté d'intérêts constitue le fondement de la Fédération. Les parties contractantes étaient, avant de se lier, déjà rapprochées par cette communauté et elles ne font, en somme, que joindre un état de droit à une situation déjà existante en fait. L'alliance est, en général, facilitée par une communauté d'origine, de mœurs et d'aspirations.

Le pouvoir fédéral naît ainsi d'un accord unanime et l'acte qui constate cet accord est un véritable contrat. On lui a souvent dénié ce caractère; M. Le Fur, qui adopte sur ce point les conclusions d'un certain nombre d'auteurs, dit avec Borel : « Que des États peuvent aussi peu créer un autre État par contrat, que des individus ne peuvent, par le même procédé, créer d'autres individus » ([1]).

Cet argument ne peut pas nous faire rejeter l'idée de contrat.

En effet, je crois qu'il y a ici une confusion involontaire entre l'individu et l'État, d'une part, considérés au point de vue matériel, et l'individu et l'État, d'autre part, considérés au point de vue du droit. Évidemment deux individus, en s'unissant, ne peuvent, par le simple fait de leur union, créer de toutes pièces un tiers individu existant physiquement. Ce n'est ni discutable, ni discuté. Deux États ne peuvent pas non plus, uniquement en vertu de leur rapprochement, donner naissance à un troisième État, distinct de l'un et de l'autre, avec un territoire particulier et une population. Mais, de même que deux personnes, sujets de droit privé, s'unissent tous les jours pour fonder, soit des sociétés civiles, soit des sociétés commerciales ayant des droits distincts de ceux de l'individu, de même deux États, sujets de droit public, peuvent, en s'associant, modifier profondément la situation juridique de leur gouvernement. L'association fédérale de deux

---

([1]) Le Fur, *op. cit.*, p. 548; Borel, *Étude sur la souveraineté et l'État fédératif*, Berne, 1886, p. 128.

États antérieurs est un contrat, mais ce contrat ne donne pas naissance à un nouvel État — l'État est indivisible — il donne naissance à une nouvelle souveraineté.

Le contrat fédéral est-il révocable au gré des parties contractantes ?

Suivant la réponse qu'on donne à cette question, on admet ou on rejette le droit de faire sécession.

Le contrat n'est révocable qu'avec le consentement unanime de toutes les parties contractantes, et, en plus avec le consentement du pouvoir fédéral.

1° Le contrat n'est révocable qu'avec le consentement unanime de toutes les parties contractantes. Nous suivons ici la loi générale des contrats. Le pacte fédéral étant fait sans condition de durée, il faut en conclure qu'il est perpétuel. Il faudra, pour le détruire, à une époque quelconque, l'acceptation de tous les signataires.

2° Le contrat n'est révocable qu'avec le consentement du pouvoir fédéral. Cette proposition est assez surprenante à première vue. Le gouvernement fédéral n'a pas pris part au contrat, il n'a été créé que par ce contrat lui-même, sa naissance est donc postérieure à la conclusion du contrat ; comment donc sa volonté est-elle nécessaire pour la rescision ?

Cette conclusion s'impose cependant. Si nous admettons que le gouvernement fédéral peut disparaître par la volonté unanime des Etats, ce gouvernement n'est plus souverain. Il n'exerce plus le pouvoir qu'en vertu d'une délégation de l'autorité locale, qui seule conserve la qualité de souveraine. Si les pouvoirs locaux peuvent, à un moment donné, se soustraire aux ordres de l'autorité fédérale rendus conformément à la Constitution, la situation équivaut, dans le cas où les pouvoirs locaux n'interviennent pas, à une ratification tacite de leur part ; dès lors, le gouvernement fédéral n'est plus, en tous temps, qu'un simple mandataire exerçant certaines fonctions, non pas en son nom personnel, mais au nom des pouvoirs locaux seuls pleinement souverains. Le gouvernement n'aurait plus ainsi qu'une autorité comparable à celle des assemblées provinciales dans les Etats unitaires.

Cette conséquence est inadmissible ; le gouvernement fédéral est souverain dans la limite de ses attributions, comme les gouvernements particuliers sont souverains dans les leurs. Cette souveraineté a pour résultat l'obligation des Etats à l'obéissance ; ils ne peuvent jamais se dérober, — même en vertu de leur consentement unanime, — aux ordres donnés compétemment par l'autorité fédérale.

Le contrat fédéral est un contrat de droit public d'une nature spéciale. C'est de ce contrat qu'est issue la souveraieté fédérale et, du moment qu'elle naît, elle naît avec toutes ses conséquences. Les Etats aliènent à perpétuité une partie de leur autorité, parce qu'à perpétuité ils sont tenus d'obéir au souverain qu'ils ont créé, et qui, désormais, existe en dehors d'eux. Mais si, un jour, le gouvernement fédéral juge qu'il est à propos de se détruire lui-même, s'il veut abdiquer parce qu'il comprend que l'intérêt des Etats composant la

Fédération n'est plus de rester unis, et qu'il n'est qu'un organe inutile, alors, joignant son consentement au consentement unanime de tous, il pourra donner lieu à la rescision du contrat.

V. Les Etats-Unis

Après avoir étudié l'Etat fédéral en général, prenons le cas spécial des Etats-Unis.

Aux Etats-Unis, nous trouvons deux assemblées en présence : la législature locale et la législature fédérale. Chacune de ces deux assemblées est souveraine dans la limite de ses attributions. Il y a en effet deux ordres différents d'intérêts à sauvegarder : les intérêts généraux, communs à tout le peuple, qui sont entre les mains du Congrès, et les intérêts particuliers de chaque Etat qui sont confiés aux chambres locales. Chaque législature n'a pas seulement l'apparence de la souveraineté, mais elle est bien réellement souveraine puisque les lois qu'elle vote sont immédiatement applicables et sans appel possible d'une assemblée à l'autre. Chacune de ces deux souverainetés exerce directement son pouvoir sur les citoyens américains.

Quel est, dans la République américaine, le seul et véritable État?

Est-ce l'État fédéral, qui a la plénitude des rapports internationaux, et qui paraît seul dans les conventions diplomatiques? Non, car l'État fédéral est bien loin d'avoir la totalité des pouvoirs intérieurs, et nous savons que, dans son concept juridique, l'État ne comporte ni restrictions ni limites.

Est-ce l'État particulier, qui possède le plus grand nombre des attributions intérieures? Non, car les attributions de l'État particulier sont limitées par les attributions de l'État fédéral.

L'État n'est donc en réalité ni l'un, ni l'autre, mais bien la réunion, la synthèse de l'un et de l'autre. Il n'y a pas, juridiquement, un État fédéral d'une part et des États particuliers d'autre part, mais un seul État formé de l'union indissoluble de tous. Si on nomme État le gouvernement fédéral et chacun des gouvernements locaux, c'est à cause de la pauvreté déjà signalée de la langue du droit public. On donne à la partie le nom qui ne devrait appartenir qu'au tout. La confusion est dans les termes, elle n'est pas dans la pensée.

L'État, c'est le peuple américain pris en masse, sans distinction entre le Nord et le Sud, l'Est et l'Ouest, sans distinction de frontières de provinces, c'est le peuple américain avec ses deux souverains. A cette masse seule de 50 et quelques millions d'hommes, établie sur le vaste territoire qui va du Mexique au Canada et de l'Atlantique au Pacifique, appartient juridiquement la qualification d'État, parce que seule elle a, prise dans son ensemble, la plénitude des pouvoirs publics.

Mais l'exercice de la puissance publique est confiée à un souverain fédéral pour la direction des intérêts généraux, et à un nombre variable de souverains locaux pour la direction des intérêts particuliers.

Je crois que cette théorie est d'accord à la fois avec le droit et avec les faits.

Dans son travail sur l'État fédéral et la confédération d'États, M. Le Fur soutient une thèse originale et
ingénieuse sur la nature juridique des États-Unis.

D'après lui, il n'y a qu'un seul État, mais au lieu
d'admettre, comme nous le faisons ici, que cet État
est formé à la fois de l'État fédéral et des États locaux,
il soutient que le seul État est l'État fédéral, et la seule
souveraineté, la souveraineté fédérale. Quant aux États
particuliers, il reconnaît, bien entendu, qu'ils ont une
compétence beaucoup plus large que de simples provinces, mais il n'admet pas qu'ils soient pleinement
souverain : il dit seulement qu'ils participent à l'essence
de la souveraineté fédérale.

Cette théorie a, à mon avis, le grave défaut d'être
en contradiction avec la matérialité des faits. Les actes
des gouvernements locaux sont de véritables actes de
souveraineté, et d'une souveraineté qui a conscience
de son existence en fait et en droit. Toutes les lois votées par les assemblées d'États obligent les citoyens,
et ne sont susceptibles d'aucun contrôle de la part du
gouvernement fédéral. Les deux souverainetés sont sur
un pied d'égalité, elles agissent chacune parallèlement,
exerçant leurs pouvoirs au nom du même peuple américain. Les gouvernements locaux ne participent au
gouvernement fédéral que dans des cas prévus par la
Constitution : élections du Président et des membres
du Congrès, acceptation des amendements à la Constitution, etc...; de même la souveraineté fédérale n'intervient dans la sphère d'action de la souveraineté locale, que lorsque cette intervention est autorisée par

un texte constitutionnel. En général, les deux souverainetés existent et fonctionnent côte à côte, se partageant les pouvoirs publics, l'action de l'une s'arrêtant où commence l'action de l'autre. Le pouvoir judiciaire empêche toute intrusion de l'une dans l'autre. Je ne crois donc pas qu'on puisse dire que la souveraineté locale participe à l'essence de la souveraineté fédérale, alors qu'elles existent toutes les deux au même titre.

M. Le Fur est dominé par le principe de l'indivisibilité de l'Etat que j'admets avec lui et de l'indivisibilité de la souveraineté. Il semble être poussé dans sa théorie par les nécessités du droit international. L'idée de la personnalité de l'Etat est commode pour expliquer les rapports entre les nations et elle est généralement adoptée par les internationalistes. En droit public interne, cette doctrine n'est nullement utile et elle a souvent le tort de contredire les faits.

Reconnaître le principe du partage de l'exercice de la souveraineté, c'est se conformer, je crois, à la réalité. Partant de cette idée, nous arrivons à conclure que l'état de fait existant aux Etats-Unis n'est pas illogique en droit. Aucune des deux souverainetés n'est amenée fatalement à absorber l'autre dans un avenir plus ou moins éloigné. La raison ne nous permet pas de conclure, *a priori,* à l'unification ou au morcellement de la République américaine. Tant que les intérêts généraux se distingueront des intérêts locaux, l'état actuel subsistera.

CONCLUSION

Nous avons vu que le grand accroissement de la puissance fédérale après la guerre de sécession ne s'est
pas prolongé au-delà de quelques années. La Confédération du Sud étant complètement dislosquée, les Etats.
révoltés étant réorganisés, la crise étant apaisée, le
danger de sécession est devenu moins grand. Peu à
peu, les souverainetés locales ont recouvré tout ce
qu'elles avaient perdu. Le grand coup leur avait été
porté par les amendements relatifs au droit électoral
des nègres; quelques Etats, — comme la Caroline du
Sud, — cherchent et trouvent aujourd'hui des moyens
pour tourner les prescriptions constitutionnelles. L'établissement des *supervisors of elections* avait donné au
gouvernement fédéral la possibilité de surveiller, non
seulement les élections du président et des membres
du Congrès, mais encore, — et c'est en cela surtout que
les prérogatives des Etats étaient gravement atteintes,
— les élections des assemblées locales. Les *supervisors
of elections* ont disparu.

Les pouvoirs du président, au cours de la guerre de
sécession, firent de lui le maître absolu des Etats-Unis
pendant quelques années, et lui permirent de restreindre les attributions des Etats fidèles comme des Etats

révoltés, mais ils ne purent se maintenir, malgré les
efforts de Lincoln, après la cessation des hostilités, et
la Constitution reprit son empire.

En matière économique, la part que prit l'Union aux
grandes constructions de voies ferrées assura son influence ; elle put régler le commerce entre les Etats,
malgré des objections fondées sur les prérogatives locales et sur les intérêts particuliers de chacun ; mais « l'interstate commerce act » est resté, par la force des choses, lettre morte sur plusieurs points, et la commission
instituée par le gouvernement fédéral ferme les yeux
sur quelques-unes de ses violations.

Si nous considérons en elles-mêmes les grandes institutions politiques : le Congrès, le président, les juges et
les fonctionnaires fédéraux, d'une part, les assemblées
locales, les gouverneurs, les juges et les fonctionnaires
d'Etats, d'autre part, et si nous nous demandons quelle
confiance elles peuvent inspirer au peuple et quel peut
être respectivement leur degré d'influence, nous consta-
tons que les qualités et les défauts sont généralement
équilibrés. Deux grandes institutions fédérales seules, il
faut le reconnaître, ont, à ce point de vue, une situation
particulièrement florissante, et n'ont pas, pour le moment, leurs pareilles dans les institutions locales qui
leur correspondent : la magistrature fédérale et le Sénat.

Les souverainetés locales manifestent aujourd'hui
une grande vitalité et maintiennent soigneusement leurs
prérogatives contre le gouvernement central. Les conflits sont fréquents, mais le pouvoir judiciaire est chargé
de leur donner une solution pacifique. C'est lui qui est

l'arbitre suprême et qui forme, en quelque sorte, la clef de voûte de l'édifice fédéral. Tant qu'il conservera assez d'influence, il pourra jouer efficacement son rôle de pacificateur.

Quant aux objections de droit public qui ont été soulevées contre la forme fédérale, nous avons vu qu'elles ne sont pas irréfutables et que les théories de l'Etat et de la souveraineté peuvent s'accorder avec la fédération.

De toutes manières, l'état actuel des Etats-Unis semble donc avoir les chances de durée.

Il est certain, toutefois, que les Etats évoluent et se transforment avec le temps. La Constitution de 1787 et la situation présente de la République américaine ne sont pas éternelles. Un jour, les intérêts se modifieront, les besoins et les idées changeront; la situation politique changera nécessairement avec eux. Y aura-t-il unification? Y aura-t-il morcellement? On manque d'éléments suffisants pour conclure dans un sens ou dans l'autre, et, pour ma part, je crois que, présentement, les deux tendances sont équilibrées.

Il ne faudrait pas chercher dans la crise actuelle des Etats-Unis un argument contre cette théorie. Depuis la révolte de Cuba, la doctrine de Monroë a pris une nouvelle extension, et il est permis de redouter un conflit. Or, on est unanime à constater que, si une guerre éclatait entre la République américaine et l'une des puissances européennes, la souveraineté locale disparaîtrait aussitôt, et les Etats ne formeraient plus qu'une seule et vaste nation, groupée autour du président et fortement unifiée dans la pensée commune de repousser l'ennemi.

Déjà, depuis le début de la crise, on a vu le président Mac Kinley rassembler en conseil extraordinaire le chef du département de la marine, les quatre présidents des commissions de la marine et du budget du Sénat et de la Chambre des représentants et le leader de la majorité dans l'assemblée populaire [1]. Des délibérations de ce conseil est sortie la résolution de demander au Congrès un crédit de 250 millions de francs pour pourvoir à la défense nationale. Ce fait est sans précédent dans l'histoire américaine, et la convocation d'un pareil conseil n'est autorisée par aucun texte constitutionnel.

Est-ce l'indice de tendances centralisatrices dans la politique intérieure du pays? Je ne le crois pas. Nous avons déjà vu un mouvement analogue se produire autour de Lincoln à l'époque de la guerre de sécession. Le président Mac Kinley fait simplement usage des pouvoirs de guerre qui lui sont concédés par une tradition déjà ancienne. Il ne peut être suspecté d'aspirer à la dictature, ni de vouloir remplacer la démocratie par le césarisme. C'est un homme qui, depuis son avènement, s'est fait remarquer par son sang-froid et sa modération. En cas de guerre, le président des Etats-Unis a non seulement le droit, mais encore le devoir de faire tout ce qu'il juge nécessaire pour la défense nationale; l'imminence d'un conflit peut lui permettre de prendre des mesures extraordinaires. Si le conflit écla-

[1] *Le Temps*, 9 mars 1898.

tait, il serait le chef suprême pendant toute la durée des hostilités et le Congrès lui laisserait sa liberté d'action ; la guerre terminée, il déposerait ses pouvoirs et la Constitution reprendrait son jeu régulier. S'il voulait conserver ses pouvoirs au-delà du temps nécessaire, il trouverait en face de lui le Congrès et la Cour suprême pour le faire rentrer dans son rôle.

Vu : *Le Président de la thèse,* Vu : *Le Doyen,*
  L. DUGUIT.   BAUDRY-LACANTINERIE

Vu et permis d'imprimer :
Bordeaux, le 14 mars 1898.
Le Recteur,
  A. COUAT.

Les visas exigés par les règlements ne sont donnés qu'au point de vue de l'ordre public et des bonnes mœurs (Délibération de la Faculté du 12 août 1879).

BIBLIOGRAPHIE

BLUNTSCHLI. — L'Etat, traduit de l'allemand, avec préface, par A. de Riedmatten. Paris, 1877.

BOREL. — Etude sur la souveraineté et l'Etat fédératif. Berne, 1886.

BOUTMY. — Etudes de droit constitutionnel. Paris, 1885.

BRYCE. — The american Commonwealth. London, 1888.

CALHOUN. — Works, 6 vol. New-York, 1854-1856.

CARLIER. — La République américaine. Paris, 1890.

CHAMBRUN (de). — Le pouvoir exécutif aux Etats-Unis, Etude de droit constitutionnel. Paris, 1876.

CLUNET (J.). — *Revue de droit international privé :* Affaire Cutting, 1887, p. 713 s.

» Les difficultés internationales venant de la Constitution de certains pays, 1891, p. 1147 s.

DARESTE. — Les Constitutions modernes, Recueil des Constitutions en vigueur dans les divers Etats d'Europe, d'Amérique et du monde civilisé, 2e éd. Paris, 1891, 2 vol.

DESPAGNET. — Des difficultés internationales venant de la Constitution de certains pays, dans la *Revue générale de droit international public,* 1895, p. 184-199.

» Essai sur les protectorats. Paris, 1896.

DICEY (A.-V.). — Introduction to the study of the law of the Constitution, fourth edit. London, 1893.

DUGUIT. — Le conflit de la souveraineté fédérale et de la souveraineté locale aux Etats-Unis d'Amérique, d'après l'ouvrage de Carlier, dans la *Revue d'économie politique,* 1894, p. 38-60.

» Des fonctions de l'Etat moderne, Etude de sociologie juridique, extrait de la *Revue internationale de sociologie,* mars 1894.

DUPRIEZ. — Les ministres dans les principaux pays d'Europe et d'Amérique : I. Les Monarchies constitutionnelles ; II. Les Républiques. Paris, 1892-1893, 2 vol. in-8°.

DURKHEIM. — De la division du travail social. Paris, 1893.

ESMEIN. — Eléments de droit constitutionnel. Paris, 1896.

FOURNIER. — *Revue politique et parlementaire :* La législation des chemins de fer aux Etats-Unis, par Louis-Paul Dubois, VII, p. 89 et s.

»　　　　Décret du président Cleveland, en date du 6 mai 1896, ordonnant la nomination de tous les fonctionnaires au concours, chronique de W.-A. Dunning, X, p. 453-454.

GIERKE. — Die Grundbegriffe des Staats und die neueren Staatsrechtstheorien, dans la *Tübinger Zeitschrift*, XXX, 1874, p. 152-198 et 265-335.

GOURD. — Les chartes coloniales et les Constitutions de l'Amérique du Nord. Paris, 1885.

GRASSERIE (de la). — L'Etat fédératif. Paris, 1897.

HOLST (H. von). — Das Staatsrecht der Vereinigten Staaten von Amerika, dans *Marquardsen's Handbuch*. Fribourg, 1885.

HUDSON (James-F.). — The railroads and the republic. New-York, 1887.

JANET (Claudio). — Les Etats-Unis contemporains. Paris, 1877.

JELLINEK. — Die Lehre von den Staatenverbindungen. Vienne, 1882.

＞　　　　Die rechtliche Natur der Staatenvertræge. Ein Beitrag zur juristischen Konstruktion des Völkerrechts. Vienne, 1880.

KENT. — Commentaries on american Law, 11° éd. Boston, 1867, 4 vol.

LABOULAYE. — Histoire des Etats-Unis. Paris, 1866, 3 vol.

LAVELEYE. — La démocratie et le régime parlementaire, dans la *Revue des Deux-Mondes*, 15 décembre 1882.

»　　　　La forme nouvelle du gouvernement aux Etats-Unis et en Suisse, dans la *Revue des Deux-Mondes*, 1er octobre 1886.

LARNAUDE (Ferdinand). — *Revue de droit public :* De la responsabilité du pouvoir fédéral aux Etats-Unis au cas où les Etats particuliers s'abstiennnnt de réprimer les délits commis sur leur territoire, par Siméon-E. Baldwin, 1895, II, p. 437.

»　　　Suppression des Supervisors of elections, le 8 mai 1894 ; Constitution de la Caroline du Sud, le 4 décembre 1895, *Chronique constitutionnelle et parlementaire*, par M. Moreau, mai-juin 1897, p. 479 et 480.

LE FUR. — Etat fédéral et Confédération d'Etats, thèse pour le doctorat. Paris, 1896.

NOAILLES (duc de). — Cent ans de République aux Etats-Unis. Paris, 1886.

RATZEL. — Die Vereinigten Staaten von Nordamerika. Munich. 1880, 2 vol.

RILEY (F.-L.). — Colonial origins of New-England Senates. Baltimore, 1896.

RÜTTIMANN. — Das nordamerikanische Bundesstaatsrecht, verglichen mit den politischen Einrichtungen der Schweiz. Zurich, 1867-1876, 3 vol.

SCHLIEF. — Die verfassung der nordamerikanischen Union. Leipzig, 1880.

STORY. — Commentaries on the Constitution of the United-States, 4e éd. Boston, 1873, 2 vol. Trad. française de P. Odent. Paris, 1843, 2 vol.

SUMNER-MAINE. — Essai sur le gouvernement populaire, traduit avec l'autorisation de l'auteur par René de Kéralain. Paris, 1887.

TOCQUEVILLE. — De la démocratie en Amérique. Paris, 1874.

WEBSTER. — Works, 6 vol., 1853-1856.

WILSON (W.). — Congressional government. A study in American publics, 11e éd. Boston, 1895.

TABLE DES MATIÈRES

21,960. — Bordeaux, Y. Cadoret, impr., 17, rue Montméjan.

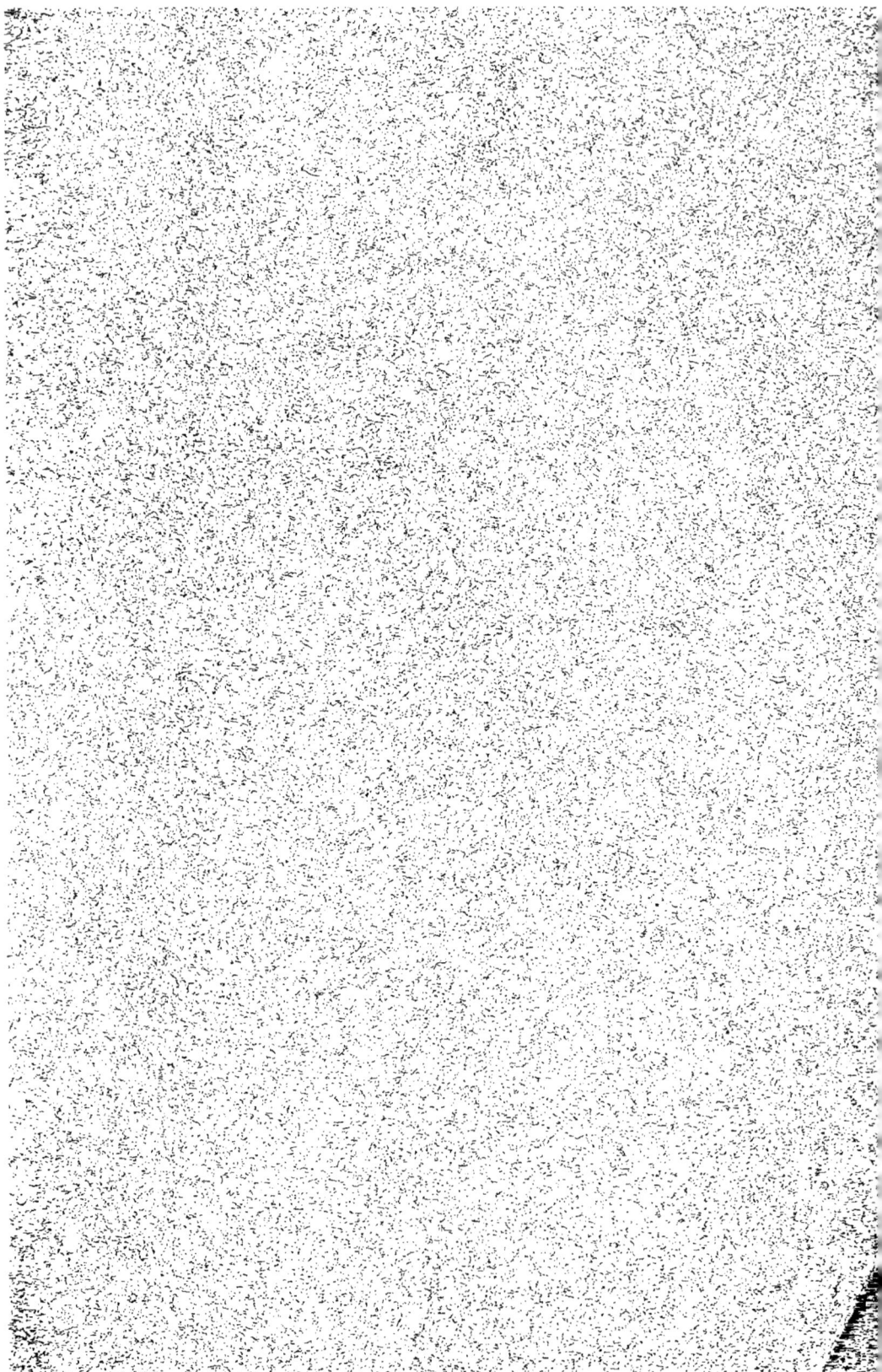

Y. CADORET

imprimeur

BORDEAUX

www.ingramcontent.com/pod-product-compliance
Lightning Source LLC
Chambersburg PA
CBHW072348200326
41519CB00015B/3704